KB040914

스마트 브레비티

디지털 시대의 글쓰기 바이블

First published in the United States under the title:

SMART BREVITY: The Power of Saying More with Less

Copyright © 2022 by Axios Media Inc.

Text and illustrations copyright © Axios Media Inc.

Photography within illustrations copyright © Getty Images and their respective photographers.

All rights reserved.

This Korean edition was published by Sangsang Academy in 2023 by arrangement with Workman Publishing Co., Inc., New York through KCC(Korea Copyright Center Inc.), Seoul.

이 책은 (주)한국저작권센터(KCC)를 통한 저작권자와의 독점계약으로 (주)상상아카데미에서 출간되었습니다. 저작권법에 의해 한국 내에서 보호를 받는 저작물이므로 무단전재와 복제를 금합니다.

Illustrations by: Aïda Amer (pages: 207).

Smart Brevity

디지털 시대의 글쓰기 바이블

스마트 브레비티

짐 밴더하이

마이크 앨런

로이 슈워츠

윤신영·김수지 옮김

생각의힘

차례

Part 1

스마트 브레비티란 무엇인가

어떻게 할 것인가

스마트 브레비티 실전

일러두기

1. 본문의 "단어 수"는 영어 단어를 기준으로 한 원서를 그대로 따랐다.

2. 단행본은 겹꺾쇠표(《》)로, 신문, 잡지, 방송 프로그램 등은 홑꺾쇠표(〈〉)로 표기했다.

3. 각주는 독자의 이해를 돕기 위해 모두 옮긴이가 단 것이다.

4. 인명 등 외래어는 외래어표기법을 따랐으나, 일부는 관례와 원어 발음을 존중해 그에 따랐다.

5. 국내에 소개된 작품명은 번역된 제목을 따랐고, 국내에 소개되지 않은 작품명은 우리말로 옮겼다.

들어가며

말안개

스마트 브레비티
지수

969단어
3½분

**인류 역사상 이보다 많은 장소에서,
이보다 많은 말을 토해 냈던 적은 없다.**

왜
중요한가

이 새롭고도 피곤한 현상은 메일 박스를 가득 채우고, 업무 현장을 마비시킨다. 사람의 마음도 닫아 버린다. 우리는 여기에서 '스마트 브레비티Smart Brevity'에 대한 영감을 얻었고, 이 책을 쓰게 됐다.

솔직해지자. 우리 모두는 말의 포로다. 그것을 쓰고, 그것을 읽고, 그것을 듣는다.

- 슬랙◆, 이메일, 트위터, 문자, 메모, 페이스북이나 인스타 스토리…
  말, 말, 말….

- 우리는 더 많은 것들을 좇아 작은 화면을 가득 채운 단어를 보고, 듣고, 읽으며 하루를 보낸다.

그러다 기진맥진해진다. 우리는 어느 때보다도 더 주의산만하고, 조급하고, 압도되어 있다. 우리는 스크롤하고,

◆   클라우드 기반 협업 앱.

훑고, 클릭하고, 공유한다.

시선 추적 연구에 따르면, 우리는 하나의 콘텐츠를 읽는 데에 평균 26초를 쓴다.

클릭한 웹 페이지를 읽는 데에 쓰는 시간은 평균 15초가 안 된다. 놀라운 통계치는 또 있다. 한 연구에 따르면, 우리 뇌가 방금 클릭한 것이 마음에 드는지 결정하는 데에는 0.017초밖에 걸리지 않는다. 아니다 싶으면, 금방 마음을 닫아 버린다.

우리는 대부분의 글을 읽지도 않으면서 공유한다.

그러고는 웃음, 자극, 뉴스, 연결, 좋아요, 공유, 리트윗, 스냅챗*과 같은 순간의 만족을 추구하고 안절부절못하며 뒤쫓는다. 우리는 집중하지 못하고, 스마트폰에 얽매이며, 깊이 읽고 기억하거나 중요한 일에 주목하는 데에 어려움을 겪는다.

우리는 매일 344번 이상, 최소한 4분에 한 번꼴로 스마트폰을 확인한다. 하지만 행동과학 연구(그리고 마음속 거짓말 탐지기)에 따르면, 우리는 스마트폰 사용량을 실제보다 줄여서 이야기한다.

화면에 뜨는 거의 모든 것을 읽지 않고 훑어본다.

더 많은 문자, 트윗, 검색, 가십, 슬랙, 동영상, 포스트로부터 도파민 쇼크에 대한 갈망을 채운다. 클릭, 클릭, 클릭⋯.

◆　사진, 동영상 공유에 특화된 모바일 메신저.

이러한 행동이 성인의 두뇌 신경망을 재연결한다는 증거는 거의 없다. 오히려 늘 주의가 산만하다. 집중을 방해하는 것들은 시시각각 쏟아지며 우리를 공격하고 있다.

• 여기서 인류의 두 가지 결함이 드러난다. 우리 대부분은 멀티태스킹이 불가능하다. 한 번 주의를 빼앗기면 다시 집중하기까지는 20분이 넘게 걸린다.

• 이러한 혼란 한가운데에서 과거의 커뮤니케이션 방식이 실패하는 것은 당연하다.

우리는 깨어 있는 대부분을 소음과 헛소리에 휩싸여 있다. 잠들기 전에도 자극을 찾아 침대에서 뒤척인다. 이것이야말로 현대 정신의 광기다.

말안개fog of words가 짙어지는 데에는 두 가지 원인이 있다. 현대 과학기술과 우리의 오래된 나쁜 습관이 바로 그것이다.

❶ 인터넷과 스마트폰의 등장으로 우리는 언제 어디서든 자유롭게 온갖 것을 무료로 보고 말할 수 있게 됐다. 누구나 페이스북, 구글, 트위터, 스냅챗, 틱톡에 접속할 수 있다. 그리고 여러분, 우리는 이런 서비스를 남용하고 있다.

우리는 모든 생각을 공유할 수 있다. 자랑스러울 때나 화가 치밀 때 글을 올릴 수 있고, 헷갈릴 때는 검색할 수 있다. 시간과 장소의 구애를 받지 않고 다양한 주제의 동영상을 볼 수도 있다.

2 하지만 사람들은 여전히 1980년대처럼 이메일, 편지, 메모, 논문, 소설, 책을 쓴다. 생각해 보라. 모두가 시간이 없고 선택할 것은 많으며, 주변엔 주의를 산만하게 하는 것 천지다. 그런데도 우리는 계속해서 같은 양, 또는 그보다 많은 양의 단어를 대대로 써 왔던 것처럼 토해 내고 있다. 이건 새로운 일이 아니다. 1871년, 소설가 마크 트웨인은 친구에게 편지를 쓰면서 다음과 같이 고백했다. "자네에게 짧은 편지를 쓸 시간이 없어 긴 편지를 보낸다네."

모두가 이렇다. 우리는 말에 빠져 자신을 속이려 하거나, 똑똑함을 자랑하고 싶어 할 뿐이다. 업무용 이메일이나 전문 미디어에서도 이런 모습을 본다.

우리는 길이가 깊이, 중요도와 일치한다고 배웠다. 선생님들은 단어 수, 또는 페이지 수를 기준으로 과제를 낸다. 긴 기사가 더 무게감 있게 받아들여지며, 두꺼운 책의 저자를 더 똑똑하다고 여긴다.

기술의 발전은 이렇듯 길이에 대한 집착을 작은 문제에서 고집스럽고 시간을 낭비하는 치명적인 결함으로 바꾸었다.

그 결과, 수십억 개의 단어들이 낭비된다.

집중해서 읽어야 할 업무 이메일의 3분의 1가량이 읽히지 않는다.

신문 기사 대부분이 읽히지 않는다.

책의 페이지 대부분이 펼쳐지지 않는다.

들어가며

이것은 미국 대부분의 일터에서 가장 심각한 문제다. 당신이 애플에서 일하든, 작은 기업에서 일하든, 스타트업에서 일하든 상관없이, 사람들의 이목을 집중시키는 게 지금처럼 어려웠던 적은 없다.

코로나19로 어디에서나 일하는 세상이 됐다. 이에 따라 커뮤니케이션은 기업과 리더, 떠오르는 스타, 쉴 새 없이 일하는 노동자의 중대하고 치명적인 약점이 됐다.

이 문제는 거의 모든 조직에 커다란 영향을 미친다. 뿔뿔이 흩어진 채 일하는 세상에서 활기찬 조직 문화와 명확한 전략, 신속한 실행이 가능하려면 강한 커뮤니케이션 역량이 필요하기 때문이다.

슬랙의 CEO 스튜어트 버터필드Stewart Butterfield는 1만 명을 고용하고 10억 달러의 급여를 지출하는 가상의 기업에서, 평균 50~60%의 시간이 커뮤니케이션에 쓰인다고 말한다. 하지만 올바른 커뮤니케이션을 위한 도구나 교육은 아무도 제공하지 않는다.

결론

우리 모두는 대대적인 도전에 직면해 있다. 어떻게 하면 이 난장판에서, 사람들을 중요한 사안에 주목하게 할 수 있을까?

우리의 해답

사람들이 콘텐츠를 소비하는 방식에 적응하라. 그리고 당장 커뮤니케이션 방식을 바꿔라. 스마트 브레비티와 함께라면 빠르게 해낼 수 있다.

당신이 얻는 것

여러분은 온갖 소음을 뚫고 가장 중요한 것을 전달하는

방법, 여러분의 아이디어가 인정받게 하는 방법을 배울 것이다. 그리고 이 새로운 사고방식과 커뮤니케이션 방법이 자유롭고, 확산력 강하며, 교육을 통해 익숙해질 수 있음을 깨달을 것이다.

What is Smart Brevity?

스마트
브레비티란
무엇인가

짧게,
하지만 얕지 않게

스마트 브레비티
지수

843단어
3분

버지니아주 알링턴에 있는 스타트업,
악시오스Axios의 뉴스룸 벽에는 점심 식사 때 튄
기름이 묻은 종이가 걸려 있다. 이렇게 쓰여 있다.
"간결은 자신감이다. 장황은 두려움이다.
Brevity is confidence. Length is fear."

왜
중요한가

우리는 미디어 기업을 경영한다. 그 말인즉 CEO, 정치인,
관리자, 호기심 많은 뉴스광과 같이 영향력 있고 까다로
운 독자들이 단어를 소비하도록 함으로써 살아가고, 숨
쉬고, 돈을 번다.

그러나 말안개를 극복하기 위한 우리의 해법은 사람들로 하여금
단어를 적게—훨씬 더 적게 생산하고, 덜 소비하도록 유혹하는 것
이다.

우리는 이를 '스마트 브레비티'라고 부른다. 스마트 브레
비티는 더 분명하게 생각하고, 명확하게 커뮤니케이션하
여 자신과 다른 사람의 시간을 줄이는 체계이자 전략이
다. 이는 더 적은 단어로 더 많은 것을 말할 수 있도록 안
내하는데, 그것이 스마트 브레비티의 가장 큰 힘이다.

인터넷 덕분에 정보를 소비하는 방식은 대대적으로 바뀌었다. 하지
만 사람들의 집중력이 흐트러진 지금, 우리가 글을 쓰고 커뮤니케이
션하는 방식은 거의 변하지 않았다.

스마트 브레비티는 이 문제에 정면으로 맞선다. 이 책에서 우리는 강력한 단어, 짧은 문장, 눈길을 끄는 표현, 단순한 시각화와 일목요연하게 정리된 아이디어가 눈에 띄지 않던 글을 어떻게 꼭 필요하며 기억에 남는 글로 바꿀 수 있는지 보여 줄 것이다.

- 우리는 데이터, 영향력 있는 사람들의 소비 습관, 최신 디지털 및 직장 트렌드 그리고 각 저자들의 커리어 여정을 통해 더 짧고, 더 똑똑하고, 더 단순한 커뮤니케이션이 갖는 놀라운 이점을 보여 줄 것이다.

- 우리가 두 회사(악시오스와 폴리티코Politico)를 창업하고, 미국의 최상위권 언론사로 도약하고, 좋은 리더이자 더 나은 사람이 될 수 있었던 기본 전략을 알려 주겠다.

- 우리는 유쾌하고 실질적인 사례를 들려줄 것이다. 이 과정을 통해 누구나 스마트 브레비티를 업무와 일상생활에 적용할 수 있을 것이다.

우리 세 사람은 미디어 기업을 경영하지만, 《스마트 브레비티》가 저널리스트만을 위한 책은 아니다. 우리는 누구에게나 도움이 되도록 이 책을 썼다.

- 학생이라면, 레포트와 발표를 더욱 호소력 있게 만들 수 있다.

- 회사원이라면 보고서를 잘 쓰고, 보고와 발표를 더 잘 할 수 있다.

- 마케팅을 한다면 전달력 있는 설명으로 판매를 늘릴 것이다.

- 기업, 도시, 대학, 비영리 단체 등 조직을 운영한다면 명확하고 기억

에 남는 메시지로 모두가 같은 목표를 공유하고 영감을 받도록 할 것이다.

만약 여러분이 중요한 정보를 전달하는 사람이라면, 누구든 이 책을 통해 자신의 목소리가 널리 퍼지도록 만드는 비법을 알게 될 것이다.

요점

사람들이 여러분의 말을 이해하지 못하거나 듣고 지루해한다면, 그 전략이나 아이디어로 사람들을 모을 수 없다.

지금까지의 커뮤니케이션 방식으로는 아무도 듣지 않는다.

이제 생각하는 방법을 어떻게 재구성할지 알아보자. 글이 한결 명확해져서 문제를 돌파해 낼 것이다.

~~훨씬~~ 더 적은 단어로
~~훨씬~~ 더 많이 전달하라

이 글을 읽는 여러분은 아마 지금쯤 스마트 브레비티에 의심의 눈초리를 보내고 있을지도 모른다.

처음에는 대부분의 사람들이 그렇다. 뭐, 우리도 그랬으니까. 우리, 악시오스의 창업자 세 명은 각자 그들의 보스를 위해 말을 생산해 내면서 잘만 지내 왔다.

짐 밴더하이Jim VandeHei의 아내 어텀 밴더하이Autumn VandeHei는 이 책의 콘셉트를 싫어했다. 짐이 아이폰으로 원고를 펑펑 써내는 것을 보고는 아이들도 미심쩍게 생각했다. 어텀은 학구적이며 다독가이다. 우리는 그에게 말했다.

- 소설, 시, 러브레터, 일상적인 대화에 빠져들 시간이 없다고 주장하는 게 아니다.

- 우리는 여전히 〈애틀랜틱The Atlantic〉◆을 손에 붙들고, 좋은 책을 탐독하고, 〈대부The Godfather〉를 시청해야 한다.

우리는 또한 단순히 짧게 쓰는 것만을 목표로 하라고 이야기하는 것이 아니다. 솔직하고, 쓸모가 있으며, 시간을 절약하는 문장을 씀으로써 여러분의 글에 생명을 불어넣고 장점을 늘릴 수 있다. 중요한 사실이나 뉘앙스를 생략하지 말고, 지나치게 단순화하지 말아야 한다. "짧게, 하지만 얕지 않게." 우리가 직원들에게 하는 말이다.

깊이 알아보기

디지털 시대에서 중요한 정보를 남기고자 한다면, 전달하는 방법을 근본적으로 다시 생각해야 한다.

먼저, 대부분의 사람들은 여러분이 말하는 내용을 그저 훑어보거나 건너뛸 거라는 사실부터 받아들이자. 그리고 나서 모든 단어와 문장

◆ 깊이 있는 사회 문제 분석과 문화, 예술 등을 다루는 고급 교양 잡지.

을 중요하게 만들어라.

- 더 **많은** 가치를 더 **짧은** 시간에 전달하라.

- 독자가 먼저다. 사람들은 바쁘고, 여러분에게 소중한 시간을 내줄 때는 기대를 갖는다. 독자들은 무엇이 새롭고, "그것이 왜 중요한지" 알고 싶을 뿐이다. 바로 그걸 알려 줘라.

- 독자들에게 다가가는 방법과 스타일을 바꿔라. 당장.

그러면 곧바로 의미 있는 변화를 보게 될 것이다.

- 스마트 브레비티를 통해 우리는 직장에서 더 효율적이며 효과적으로 일할 수 있다. 소셜 미디어에서는 더 강력하고 유능하며 기억에 남는 방식으로 커뮤니케이션할 수 있다. 여러분의 말과 목소리는 이제껏 없었던 관심을 끌며 큰 울림을 줄 것이다.

- 스마트 브레비티는 우리가 시간을 얼마나 낭비했는지 돌아보게 한다. 또한 생각과 아이디어, 새로운 소식과 뉴스를 공유할 때 여러분의 자아와 나쁜 습관에 앞서 독자를 우선시하도록 할 것이다.

- 스마트 브레비티는 CEO와 관리자들이 사무실, 학교, 교회, 또는 대학 기숙사 어디에서든 조직의 목표를 공유하게 한다. 이는 수많은 시간을 절약하고, 창의력을 발휘하게 하며, 무엇이 가장 중요한지 명확하게 해 준다. 가장 큰 수혜자는 여러분의 독자다.

가장 중요한 것

선명하고 또렷한 목소리에는 자신감이 담겨 있다. 사람들은 당신의 말을 경청하고 기억—바라건대 공유도—할 것이다. 당신은 다시 주목받을 것이다.

스마트 브레비티 해설

스마트 브레비티
지수

2,402단어
9분

스마트 브레비티는 어수선하고 시끄러운
디지털 시대에서 정보를 만들고, 공유하고,
소비하는 새로운 방법이다.

왜
중요한가

스마트 그리고 간결, 이 두 가지를 단련하면 생각을 분명
하게 하고, 시간을 절약하며, 소음을 뚫고 나아갈 길을 찾
을 수 있다.

대부분의 사람들은 하고 싶은 말을 생각하고서는 감상적인 단어, 길
고 긴 주의사항, 종잡을 수 없는 딴소리로 이를 오염하고 희석시킨
다. 간결함은 눈 씻고 찾아봐도 없다.

큰 그림

친구와 맥주 또는 커피를 앞에 두고 오랜만에 이야기를
나눈다고 생각해 보자. 이때 뭔가 재미있는 것을 설명하
거나 유익한 정보를 얻고 싶다면 어떻게 해야 할까?

사람들은 새롭고 깨달음을 주는 흥미로운 사실을 알고 싶어 한다.
그리고 이런 정보가 큰 맥락에서 "왜 중요한지" 설명해 주기를 원한
다. 그제서야 사람들은 대화를 "깊이 알아보겠다"는 시각적, 언어적
신호를 보낸다.

이것이 사실이라면 왜 우리는 정반대로 편지, 보고서, 이메일, 메모,
트윗을 쓰고 있을까? 자신에게 물어보자. 우리는 두서없고 자기중

심적이다. 따분하고 산만하다. 재미없고 거추장스럽다.

- 오랜 진화의 여정에서 무언가 잘못되어 우리 모두는 화려한 단어로 장광설을 늘어놓는 허풍쟁이가 되어 버렸다. 글을 쓸 때마다 목소리는 경직된다. 정신은 혼미해진다. 진정성은 사라진다.

스마트 브레비티란 무엇인가

〈월스트리트 저널〉의 오랜 스타이자 우리 세대 최고의 의회 전문 기자인 데이비드 로저스David Rogers는 스마트 브레비티의 아버지다.

2000년대 초반 짐의 멘토였던 데이비드는 걸걸하고 직설적인 성격으로 악명 높았다. 〈월스트리트 저널〉의 신참 기자이던 짐은, 마치 월트 휘트먼◆과 같이 1,200단어로 구성된 아름답지만 종잡을 수 없는 산문을 써서 데이비드에게 보여 주었다. 그는 "똥무더기네"라고 말한 뒤 짐의 글을 출력했다. 이어서 연필을 쥐고 독자의 눈길을 사로잡을 수 있도록 구조를 뜯어고쳤다. 데이비드는 짧고 직설적인 문장으로 시작해서, 불필요한 단어들은 다 밀어 버리고, 반드시 읽어야 할 사실 관계나 인용은 강조한 뒤, 그 맥락을 설명하는 문단을 짐에게 요구했다.

수년 뒤, 그의 작업은 스마트 브레비티에 영감을 주었다.

◆　미국의 시인.

대부분의 사람들은 형편없이 쓰고 모호하게 사고한다.

우리 모두는 그런 경험이 있다. 괜찮은 아이디어, 예를 들어 더 나은 전략이나 사람들을 엮을 방법, 획기적인 기획을 생각해 낸다. 하지만 그걸 글로 쓰기 시작하면… 마치 진흙 덩어리처럼 보인다. 그러다 다른 누군가가 똑같은 내용을 아주 훌륭하게 이야기하고, 여러분은 자신이 실패했다고 생각한다.

스마트 브레비티를 끔찍한 커뮤니케이션 습관이나 본능을 막는 장치라고 생각하라. 이것은 우리의 생각을 명료하게 정리해서 호소력 있게 전달하는 방법이다.

스마트 브레비티가 있다면 뭔가를 말할 때마다 새로 시작할 필요가 없다. 그 대신 우리는 조직에서 가장 똑똑하고 준비된 사람처럼 보이게 해 주는, 반복해서 적용할 수 있는 구조를 갖추게 될 것이다.

수년에 걸쳐 완벽해진 이 레시피는 악시오스를 미국에서 가장 많은 구독자와 수익을 올리는 뉴스레터로 만들었다. 그러나 더 중요하고 의미 있는 사실은 스마트 브레비티가 미국의 가장 혁신적인 기업과 그 직원들이 대내외적으로 많은 사람들을 상대로 커뮤니케이션하는 방법을 바꿨다는 점이다.

재미있는 뒷이야기: 악시오스가 출범하고 몇 해 뒤, NBA부터 대형 항공사, 비영리 단체에 이르기까지 고위 임원들이 전화로 비슷한 질문을 했다. "저희 회장님께서 악시오스, 특히 그 포맷을 굉장히 좋아

하십니다. 당신들처럼 커뮤니케이션할 수 있는 방법이 있을까요?"

이것이 우리의 첫 대답이었다: "우리는 미디어 기업이지 글쓰기 선생님이 아닙니다."

그러나 전화가 금세 수십 통으로 불어났다. 우리는 좋은 저널리스트라면 마땅히 할 만한 것, 즉 조사를 시작했다. 세상에서 가장 영향력 있는 기업들이 왜 커뮤니케이션을 두고 괴로워하는지, 왜 미디어 회사에까지 도움을 요청하는지 알고 싶었다.

공화당 대통령 후보였던 밋 롬니Mitt Romney의 "기업 역시 사람이다"라는 말은 옳다. 우리와 마찬가지로 기업도 쏟아지는 단어에 마비되어 있었다. 다만 규모가 더 클 뿐이었다.

기업 역시 '무엇을' '왜' 읽어야 하는지 전혀 알 수 없는 채로 문자와 이메일, 사내 메시지에 잠식되어 있었다. 많은 연구가 직원들의 방향 상실, 단절, 혼란을 보고하는 것도 놀라운 일이 아니었다.

모든 것을 보면, 아무것도 기억하지 못한다.

그래서 우리는 수십만 개의 글을 쓰면서 얻은 교훈을 모아 인공지능을 기반으로 한 툴을 개발했다.

이 기술은 '악시오스 HQAxios HQ'라고 불리며, 글쓰기와 커뮤니케이션을 잘하고 싶어 하는 누구나 스마트 브레비티를 배울 수 있도록 돕는다.

악시오스 HQ는 NFL 같은 커다란 조직, 로쿠Roku와 같은 대기업, 텍사스주 오스틴 시장과 같은 정치인, 또는 학교나 부동산 중개업자 등이 직원, 유권자, 고객과 소통하도록 도왔다. 악시오스 HQ를 활용했을 때 효과가 2~3배로 늘어남을 확인했기에 여러분이 직접 이를 적용해 볼 수 있도록 책 전체에 걸쳐 사례를 공유할 것이다.

스마트 브레비티의 핵심 네 가지

글쓰기에서 스마트 브레비티는 네 가지의 핵심 파트로 구성되어 있다. 배우고, 실천하고, 가르치기 쉬운 이 원칙은 모든 상황에 적용되는 것은 아니지만 여러분이 목표를 세우는 데에 도움을 줄 것이다.

(1) 힘 있는 "도발"

트위터, 헤드라인, 이메일 제목 등 무엇을 쓰고 있든 사람들의 관심을 틴더나 틱톡에서 끌어오기 위해선 여섯 개를 넘지 않는 강력한 단어들이 필요하다.

(2) 강력한 첫 문장, "리드Lede*"

첫 문장은 가장 기억에 남아야 한다. 독자가 모르는 것, 알고 싶은 것, 알아야 할 것을 이야기하자. 가능한 한 직설적이고, 짧고, 날카롭게 써라.

◆ 시선을 끌도록 작성한 첫 문장.

스마트 브레비티란 무엇인가

① 힘 있는 "도발"

② 강력한 첫 문장, "리드"

③ **맥락, "왜 중요한가"**

사람들은 모두 거짓말을 하고 있다. 우리는 〈포춘〉 선정 500
대 기업 CEO들과 이야기하면서 이 사실을 알게 됐다. 사람들
은 자기 분야 외에는 잘 모른다. 하지만 질문하기엔 너무 부
끄럽고 두렵기에, 누군가가 새로운 사실이나 아이디어가 왜
중요한지 설명해 주길 바란다.

④ **더 알아볼 사람을 위한, "깊이 알아보기"**

사람들이 원하는 것 이상으로 읽거나 듣도록 강요하지 마라.
그들의 선택으로 남겨 둬라. 만약 그들이 "좋다"고 결정했다
면, 뒤따라오는 내용은 시간을 할애한 가치가 있어야 한다.

그리고 주제와 상관없이 모든 과정을 스마트폰의 한 화면 안
에서 수행해 보라.
자, 이게 스마트 브레비티다.

스마트 브레비티란 무엇인가

③

맥락,
"왜 중요한가"

④

필요하다면
기사 하단부에
더 알아볼 수
있는 선택지,
"깊이 알아보기"

1:46
◀ Outlook

🔒 axios.com

ΛXIOS   🔍 ☰

맥락, "왜 중요한가"

온·오프라인이 혼재된 근무 환경에 적응하지 못하는 임직원들이 있다. 많은 평사원이 재택근무를 유지하고 싶어 하는 것과 달리, 다수의 CEO들과 리더들은 팬데믹 이전처럼 대면으로 일하기를 간절히 원한다.

- 슬랙 미래 포럼 보고서에 따르면, 한 주에 3일 이상 사무실에서 일하기를 원하는 평사원은 37%임에 반해, 임원은 75%가 그렇다고 대답했다.

그 결과, 주로 임원들이 썰렁한 사무실로 복귀하고 있다.

- 2021년 마지막 분기, 63%의 평사원만 회사 상근으로 돌아온 데 반해 임원들은 71%가 돌아왔다.
- 이러한 차이가 커 보이지 않을 수 있으나, 앞서 언급된 평사원의 다수가 자택에서는 완벽히 일하기 어려운 연구, IT, 고객을 상대하는 직업군에 종사하고 있었음을 고려해야 한다.

이 책에서 여러분은 때때로 스마트 브레비티 공식에서 벗어난 사례를 발견하게 될 것이다.

왜 중요한가

스마트 브레비티는 적절한 가드레일이지, 절대 어겨선 안 되는 엄격한 규칙이 아니다.

스마트 브레비티를 따른다면 더 강력하고 기억에 남는 커뮤니케이션을 할 수 있다. 하지만 우리의 목표는 독자에게 정보를 제공하고, 마음을 사로잡고, 동기를 부여하는 데 있다. 모든 대화가 늘 같은 궤도를 그리지 않는 것처럼, 때때로 핵심 구절인 "왜 중요한가" 앞에 흥미를 불러일으키는 문장을 추가할 수도 있다.

언제나, 기준은 독자에게 무엇이 최선인가이고, 그 최선은 수백만 가지 이유로 주의가 분산되어 있는 독자를 위한 가장 명료하고 효율적인 구조다.

결론

스마트 브레비티는 음악 이론과 같다. 그것은 논리와 우아함을 선사한다. 하지만 이 위대한 건축 양식도 여지는 있는데… 바로 재즈가 그렇다.

CIA에는 문제가 있었다.

CIA 분석가들은 세상에서 가장 흥미로운 첩보를 다룬다. 하지만 그들 중 다수는 가장 중요한 사실이나 새로운 위협을 모호한 단어 속에 숨기고 있었다.

트럼프 행정부 시절이었고, CIA는 그들의 "최우선 고객First Customer"이 벼룩과도 같은 짧은 집중력을 가지고 있음을 알고 있었다.

2019년 마이크는 그들 앞에 서게 되었다. CIA에는 보고서를 쓰는 사람들이 강연장을 꽉 채울 만큼 많았다. CIA는 마이크에게 데이터 더미에서 흥미로운 것을 찾아내는 요령을 알려 달라고 부탁했다.

마이크에게는 항상 성공하는 팁이 있다. 바로 데이터를 만든 사람에게 가장 흥미로운 사실이 무엇이냐고 묻는 것. 그들은 이미 그게 무엇인지 알고 있고, 알려 줄 것이다.

하지만 그에 대해 보고서를 쓰라고 하면, 그들은 흥미로운 내용을 숨기거나, 거의 확실히 그것을 빼먹을 것이다.

CIA는 매일 대통령 정보 보고에 사용되는 〈대통령 일일 보고President's Daily Brief, PDB〉를 만든다. 전직 〈대통령 일일 보고〉 작성자로 지금은 악시오스에서 우리와 함께 일하며 스마트 브레비티를 활용하고 있는 필립 뒤프레센Philip Dufresne은 가상의 CIA 메모를 다음과 같이 수정했다.

변경 전

아프가니스탄에 대해 경고하며 CIA가 썼을 메모

아프가니스탄 국가안보군ANSF 무너지기 직전, 위험 수준 격상

[정보원에 따르면] 아프가니스탄 정부와 보안 당국자들은 대피 계획을 논의 중이며, 이는 대부분의 아프가니스탄 국가보안군이 다가올 공격에 대항할 어떤 계획도 없음을 의미. (탈레반의) 활동과 폭력이 급증할 것으로 예상됨.

지역 정보원의 보고에 따르면 탈레반은 카불의 모든 지역에 바리케이드를 설치하기 전에 밤새 3개의 지방 수도를 더 점령했으며, 지금은 며칠 안에 수도를 장악하겠다고 위협하고 있어, 위험 수준이 높아짐. 정보 신뢰도 높음.

변경 후

스마트 브레비티를 적용한 메모

경고: 🔺 탈레반 급증
그간 탈레반군은 조용했으나, 카불 정보원은 군사와 물자의 움직임을 감지, 긴장이 곧 폭력으로 치달을 것으로 예상.

왜 중요한가:

카불에 있는 미국 시민들은 더 경계해야 하며, 미국에서 훈련받은 아프간 군인들은 훈련을 멈추고 전투를 준비해야 함. 위험 수준: 상승

도발

변경 전

Re : 생일 파티

이봐, 주말 생일 파티에 대해 논의할 새로운 계획이 몇 가지
있어.

변경 후

계획 : 트램펄린 공원

리드

변경 전

늦게 계획을 변경하게 되어 미안해. 지미의 생일 파티를 앞당기
는 과정에서 혼란이 컸어. 지난주에 날씨까지 좋지 않아 특히 더
혼란스러웠네. 좋은 소식은 아이들을 모두 데리고 갈 트램펄린
공원을 찾았다는 거야. 이번 주 토요일 정오에 하려고 해.

변경 후

지미의 파티를 새로운 장소인 트램펄린 공원에
서 이번 주 토요일 정오에 열려고 해.

왜 중요한가

변경 전

유일한 문제는 우리가 원래 계획했던 것보다 조금 더 멀다는 거
야. 우리가 처음 계획했던 곳은 차로 30분 거리였지만, 트램펄린
공원이 훨씬 넓어서, 40분 정도 거리인데도 골랐어. 그냥 계획
세우는 데 도움이 되었으면 해서 안내하는 거야.

변경 후

차로 40분 정도 걸리니까 우리가 처음 생각했던
것보다 일찍 출발해야 할 거야.

깊이 알아보기

변경 전

트램펄린 공원은 1100 윌슨 거리, 우리가 맛있게 게 튀김롤을 먹었던 그 초밥집 옆에 있어. 하하. 파티는 정오에 시작되고, 우리 세션은 오후 4시에 끝나. 강사님이 있을 거고 우리가 점심과 음료를 줄 거니까 계속 있거나 가거나 편한 대로 해. 나는 남아서 책을 읽거나 아이들을 살펴볼 거야. 아이들은 놀기 편하게 입어야 해! 반바지랑 셔츠, 아 맞다 양말은 꼭 신어야 해…. 곧 만나자. 그리고 다시 한번, 미안해.

변경 후

- 정오까지 1100 윌슨 거리에 도착
- 피자와 음료 제공
- 오후 4시에 아이들 데리러 올 것
- 놀기 편한 복장. 양말 **필수**

도발

변경 전
(이사회 업데이트)

변경 후
이사회를 놀라게 했다

리드

변경 전
지난 수요일에 있었던 최근 이사회에서 영업 성과를 발표했습니다. 여기에는 베타 테스트 기간 동안 지난 분기 제품 판매가 늘었다는 내용이 포함돼 있었습니다. 지난 분기 매출이 12% 증가했다고 보고했는데, 이는 하반기 전체 목표의 무려 90%에 달하는 성과입니다. 이 소식으로 우리는 이사회를 "깜짝 놀라게" 했습니다.

변경 후
지난 수요일, 하반기 목표치의 90%에 달하는 3분기 매출 12% 증가를 보고하여 이사회를 놀라게 했습니다.

왜 중요한가

변경 전
크게 늘어난 매출로 인해 우리는 기술과 마케팅 전반에 걸쳐 주요한 초기 성장 기회에 투자할 수 있게 될 것입니다. 우리는 하반기 로드맵을 업데이트하고 있습니다. 여기에는 기술팀과 새로운 홍보 전략을 마련하기 위한 애바Ava의 마케팅팀에 대한 머신러닝 중심의 투자, 그리고 우리가 내부적으로 보유하지 못했지만 전략적으로 전문성을 확보할 필요가 있는 분야 기업들과의 흥미로운 새 협업에 대한 투자도 포함되어 있습니다.

변경 후
매출 증가는 두 영역에 투자함으로써 마케팅 계획을 몇 개월 앞당길 수 있음을 뜻합니다.
- 신규 고용: 기술팀과 마케팅팀에 머신러닝 인력을 추가할 수 있습니다.
- 파트너십: 우리의 역량과 전략적 사고를 확장하기 위한 두 건을 마무리할 것입니다.

깊이 알아보기

변경 전

애바의 새로운 홍보 전략을 검토할 시간이 없으셨다면 여러분 모두가 검토하시기 바랍니다. 새로운 홍보 포인트는 포커스 그룹과 함께 많은 테스트를 거쳤으며, 왜 우리 솔루션이 업계 최고인지에 대한 가장 최근의 논거들을 다루고 반영했습니다.

변경 후

우리 제품은 그 자체로도 훌륭하지만, 고객이 우리 제품을 구매하도록 한 것은 3주 간의 포커스 그룹 테스트를 거친 애바의 새로운 홍보 전략이었습니다.

• 인트라넷에 올라와 있는 애바의 자료를 반드시 검토하세요.

스마트 브레비티로
가는 길

스마트 브레비티
지수

1,295단어
5분

**고백한다. 우리 셋도 처음에는
스마트 브레비티에 익숙하지 않았다.**

왜
중요한가

여러분처럼 우리도 단순, 간결이라는 문제와 씨름했다. 하지만 그 여정을 통해 시급한 변화가 필요하다는 사실을 알 수 있었다. 또한 말하고, 문자를 보내고, 일하고, 생각하는 방법을 재발명하면 성공 가능성이 높아진다는 사실도 확인할 수 있었다.

뒷이야기

저널리스트들은 간결하게 쓰지 않는 것으로 악명 높다. 우리는 자신의 가치를 단어 수와 바이라인◆으로 측정한다. 많을수록 좋다.

마이크와 짐은 〈워싱턴 포스트〉, 〈월스트리트 저널〉, 〈타임〉에서 수백 수천 단어로 쓴 대통령 관련 칼럼으로 유명해졌다. 우리는 대통령을 인터뷰했고, 전용기를 탔으며, TV에 출연했다.

우리는 상사가 가치 있다고 한 주제에 대해서 수천 단어를 써 내려

◆　기사 끝에 붙는 기자의 이름, 이메일 등을 뜻한다.

가면서 자랑스러워했다. 한 번도 멈춰 서서 "이걸 읽는 사람이 있나?" "이걸 읽어야 하나?" 묻지 않았다.

그러다 웹이 등장했다. 젠장. 잠에서 깨어날 때였다. 웹은 종이 신문이 제공하지 않았던, 누가 무엇을 읽고 있는지에 대한 데이터를 제공했다. 데이터는 우리를 발가벗겨 진실 앞에 드러냈다. 그리고 어이없는 방식으로 겸손하게 만들었다. 우리가 쓴 단어의 대부분은 사람들에게 읽히지 않았다. 단어는 신문의 빈 공간을 막았지만, 신문은 블랙홀이어서 시간과 에너지까지 빨아들였다. 여러분의 시간과 에너지도.

대부분의 사람들이 헤드라인만 읽고, 일부는 앞에 나오는 몇 문단을 읽는다. 기사를 전부 다 읽는 사람은 친구나 가족들뿐이다. 겸손하다고 생각하는가? 천만의 말씀. 아무도 자신의 노래를 듣고 있지 않다는 사실을 알게 된 성공한 가수의 심정을 상상해 보라.

로이는 그런 음악을 컨설팅 업계에서 만들고 있었다. 그는 아무도 읽지 않을 긴 파워포인트나 전략 문서를 만드는 걸 도왔다. MBA 과정을 거치면서 그는 왜 아무도 사람들의 시간을 절약하기 위한 커뮤니케이션, 글쓰기 방법에 대해서 가르치지 않는지 의아했다. 하지만 일단 커리어가 시작되자, 그저 남들이 하던 일을 계속했다. 우리는 다른 사람을 뒤쫓을 뿐이었다.

　　　　　　　　　　　스마트 브레비티란 무엇인가

〈퍼스트 워드〉

니콜라스 존스턴Nicholas Johnston은 〈블룸버그〉에서 자신이 만든 신속 뉴스 서비스 〈퍼스트 워드First Word〉를 론칭하면서 간결함을 공장처럼 찍어 냈다. 〈퍼스트 워드〉는 월스트리트 트레이더와 정부 관계자들에게 정보가 가득한 짧은 뉴스, 불릿Bullet◆을 사용한 빠른 분석, 맥락을 제공했다.

〈퍼스트 워드〉는 뉴스 특유의 허튼소리와 배경 설명 없이 알아야 할 것만 알고 싶었던 뉴욕, 워싱턴 DC의 고소득 독자들에게 폭넓은 인기를 끌었다.

닉은 민주당 전 대표였던 해리 리드Harry Reid 상원의원이 은퇴를 선언했을 때, 자신이 기자들 중 한 명에게 내린 지시(사실이 아닐 수도 있다)에 대해 이야기하는 것을 좋아했다. "기사의 다섯 번째 단어가 무엇이든 상관없어." 그가 말했다. "앞의 네 단어가 '리드는 재선을 노리지 않는다Reid Won't See Reelection'이기만 하면 돼."

닉은 고급 정보 소비자인 〈블룸버그〉 독자들이 너무 바빠서 리드가 어디에서 자랐고, 그가 어떤 법안을 지지했는지, 또는 로스쿨 시절 국회의사당 경찰관으로 일했는지 같은 부차적인 사실이 필요하지 않다고 생각했다. 독자들은 이러한 사실을 이미, 아마도 리드 본인에게 직접 들어서 알고 있을 것이다. 독자들은 다만 그가 은퇴한다는 사실과 그 자리를 차지

◆　　글머리 기호라고도 하며, 개조식 글쓰기에 많이 사용된다.

하게 될 사람이 척 슈머Chuck Schumer라는 것에만 관심 있었다.

닉은 우리와 악시오스를 운영하기 위해 〈블룸버그〉에서 뛰쳐나왔고, 빠르게 현명한 전도사가 되었다. 그리고 "키보드에서 손 뗄 용기를 가져라" "텍스트 덩어리는 눈을 아프게 한다"와 같은 외침을 벽에 휘갈겨 썼다.

스마트 브레비티란 무엇인가

인터넷은 가능성의 세계를 열었다. 인터넷은 모든 것을, 우리 마음이 바뀔 수 있는 것보다 더 빠르게 바꿨다.

인터넷 시대가 되자 마이크와 짐은 각각 〈타임〉과 〈워싱턴 포스트〉를 떠나 새로운 도전을 시작했다. 짐은 당시 〈워싱턴 포스트〉의 전설적인 소유자 돈 그레이엄Don Graham이 그를 사무실로 불러 뚝뚝 끊기는 목소리로 "당신은 *최악의* 실수를 하고 있어요"라며 경고했던 것을 아직도 기억한다. 하지만 우리는 동의하지 않았다. 메시지를 전달하기 위해 인쇄 매체나 큰 조직이 필요하지 않았다. 우리만으로 충분했다.

우리는 새로운 디지털 미디어 스타트업을 만들었다. 짐의 아내가 '폴리티코'라는 완벽한 이름을 선사했다. 여전히 많은 단어를 사용하긴 했지만, 우리는 정치에 대한 대중의 끝없는 관심을 웹과 케이블 방송에 연결했다. 그리고 이후는, 잘 알려진 대로다.

폴리티코는 모든 측면에서 큰 성공이었다. 우리는 대통령 토론을 공동 주최했고, 수백 명의 직원을 고용했으며 사람들이 정치에 대해서 읽고 생각하는 법을 바꾸었다. 세계적인 여론 조사 및 컨설팅 기업인 갤럽Gallup에서 일하던 로이가 북적거리는 작은 스타트업을 현실 비즈니스로 탈바꿈하기 위해 합류했다.

하지만 단 한순간의 변화가 우리를 간결의 신봉자로 만들었으며, 폴리티코를 나와 새로운 회사인 악시오스를 시작하도록 했다.

마이크와 짐은 폴리티코에서 승승장구하며 오바마 대통령에 대한 1,600단어 칼럼을 썼다. 그것은 "이 동네(워싱턴 DC)"에서 성배와도 같은 것이었다. 칼럼은 케이블 방송과 소셜 미디어를 달구는 "회자되는" 이야기였다. 어떤 글은 거의 백만 명의 사람들이 "읽었다".

우리는 기분이 좋았고, 매우 만족했다. 데이터에 의해 우리의 자리를 확인하기 전까지는.

때는 다음 페이지로 이동하기 위해 하단에 있는 작은 숫자를 클릭해야 했던 시절로 돌아간다. 약 80%의 사람들이 첫 페이지에서 읽기를 멈춘다는 것이 밝혀졌다. 이는 우리가 중요하다고 여겼던 내용 중 기껏해야 490단어를 소비한다는 것을 뜻했다. 그리고 이 단어들이 정치와 미디어에서 많은 사람들이 떠들고 있는 이야기의 전부였다.

우리는 페이스북 같은 곳들에 전화를 걸어 그들의 데이터 역시 같은지 알아보았다. 그렇다. 우리는 대부분의 사람들, 즉 일반 독자, 정치인, CEO 모두가 헤드라인과 몇 단락의 글만 읽는다는 것을 알게 되었다.

이 무렵, 우리 셋은 농업이나 의료 정책과 같은 틈새 주제에 대한 뉴스를 기업과 로비스트에게 제공하고 수만 달러를 청구하는 뉴스 구독 서비스 〈폴리티코 프로Politico Pro〉를 만들기 위해 분투하며, 성공을 거두고 있었다.

우리는 뉴스레터나 안내문 형태의, 대개 200단어 정도로 구성된 짧은 정보뿐만 아니라 긴 칼럼도 대량 생산하기 시작했다. 〈포춘〉 선정 500대 기업은 기꺼이 이 서비스에 많은 돈을 지불했다. 사업은 번창하고 있었다.

몇 년 후 우리는 독자 설문 조사를 했는데, 그들 중 일부는 연 10만 달러 이상의 비용을 지불하고 있었다. 우리는 그들—깊이 있는 정보

스마트 브레비티란 무엇인가

와 미묘한 뉘앙스를 필요로 하는—에게 무엇이 가장 가치 있는지 물었고, 대략 5%의 응답자만이 긴 이야기를 가장 중요하게 생각한다고 답했다.

더 큰 그림

이럴 수가, 인생이 바뀌는 순간이었다. 세상에서 가장 분별력 있고 정보를 필요로 하는 독자들조차도 단어가 더 적어야 한다며 비명을 지르고 있었다. 교훈은 이렇다. 머릿속 목소리가 아니라 고객과 데이터에 귀를 기울여라. 2017년, 우리는 폴리티코를 그만두고 간결함을 가치로 악시오스를 시작했다.

우리는 사람들이 스크린 앞에서 보내는 시간, 집중력이 유지되는 시간을 알기 위해 트위터와 〈뉴욕 타임스〉, 학술지를 연구했다. 그리고 스스로 물었다. 만약 우리가 저널리스트나 광고 판매자가 원하는 게 아니라, 소비자들이 원하는 것에 기반한 미디어 기업을 설립한다면 어떤 모습일까?

대답은 명확했다. 뉴스와 정보를 스마트할 뿐만 아니라 가능한 한 깔끔하고 효율적으로 만들어야 한다. 자동 재생 동영상, 팝업 광고, 필요 없는 단어 등 불필요한 요소를 없애고, 우리의 뇌가 원하는 방식대로 만들어라. 그리고 그 모든 건 스마트폰에 맞춰져야 한다.

악시오스는 독자들에게 무엇이 새롭고 "왜 중요한지" 알려 주며 "깊이 알아볼" 능력을 제공한다. 만약 그들이 더 알아보지 않고 200단어만 읽는다면, 우리는 이 200단어가 그들이 읽어 본 가장 강력하고 유용한 단어가 될 수 있도록 만든다.

우리는 사람들이 시간을 낭비하지 않도록 노력을 기울였다. 너무 많은 단어와 집중을 방해하는 것들로부터 그들을 해방시켰다. 더 적은 것이 더 많은 것이고, 짧은 것이 얕은 게 아니라는 생각에 눈뜨게 하고자 했다.

그렇게 스마트 브레비티가 탄생했다.

스마트 브레비티란 무엇인가

4

독자가
먼저다

스마트 브레비티
지수

1,837단어
7분

악시오스 선언문의 첫머리이자 가장 중요한
두 단어가 여러분에게도 도움이 될 것이다.
"**독자가 먼저다**audience first."◆

왜
중요한가

만약 머릿속 자아보다 청중이나 독자, 즉 동료, 학생, 이
웃, 친구를 최우선으로 생각한다면 자연스럽게 낭비를 줄
일 수 있다.

간단해 보이겠지만, 바로 여기가 사람들이 빗나가는 지점이다. 우리
는 사람들이 듣고 싶어 하는 것보다 자신이 말하고 싶은 것에 대해
서 지나치게 많이 생각한다.

교황도
동의합니다

2021년 9월, 프란치스코 교황은 슬로바키아 가톨릭 신부
들에게 설교를 40분에서 10분으로 줄이라고 말했다. 그
렇지 않으면 사람들이 흥미를 잃을 것이라고 그는 농담을
던졌다. "가장 큰 박수를 보낸 것은 수녀들이었습니다. 왜
냐하면 그들이 가장 큰 피해자였으니까요."

◆ 악시오스 선언문은 다음과 같이 시작한다. "2017년 1월, 우리는 빠르게
변화하는 세상의 토픽들을 더 스마트하고 효율적으로 다루는 보도가 필
요하다는 생각으로 악시오스를 설립했습니다. 언제나 독자를 먼저 생각
할 것을 맹세합니다."

교황이 한 말씀이 바로 우리가 해야 할 일이다. 독자가 무엇을 필요로 하고, 무엇을 원하는지를 최우선으로 생각하는 것에서부터 모든 커뮤니케이션을 시작하자.

메시지를 전달하고자 하는 대상의 모습을 머릿속으로 그려 보자. 한 명의 개인이라면 쉽게 그릴 수 있을 것이고, 집단이라면 그들의 구체적인 이름, 얼굴, 직업까지 상상해 보자.

커뮤니케이션을 시작하기 전에 항상 이 작업을 하자. 모두에게 말하려 하면 아무에게도 도달하지 못한다. 청중을 특정하면 성공에 이르는 길도 명확해진다.

이는 관련 정보를 가장 적게 가지고 있는 시청자를 대상으로 가장 폭넓게 도달하고자 하는 TV와 반대된다. TV의 이러한 전략은 콘텐츠를 하향 평준화하고 맥락을 단순화한다.

이렇게 하지 마라. 그 대신 똑똑하고, 바쁘고, 호기심 많은 사람이 타깃의 정중앙에 있다고 상상하라. 실제 일과 실제 니즈를 가진, 여러분의 이야기를 흥미로워하고 참여하려는 사람이어야 한다.

이렇게 구체화한 타깃은 그들이 이미 알고 있는 것과 새롭게 알게 될 것, 깨닫게 될 것, 흥미로워할 만한 것을 명확히 하는 데 도움이 된다. 또한 우리의 목소리와 데이터, 발표가 왜 중요한지 설명할 방법을 구체적으로 알려 줄 것이다.

"당신의 시간과 지성을 존중하고 있다"는 사실을 독자가 알게 될 때 메시지는 더 잘 전달된다.

스마트 브레비티의 첫 번째만큼 중요한 두 번째 단계는, 메시지를 여러분의 타깃 독자를 위해 딱 맞게 재단하는 것이다. 타깃 독자가 요구하는 내용을 구체적으로 파악하고, 이를 표현할 생생하고 긴장감 넘치는, 기억에 남는 표현법을 찾았을 때 진정으로 스마트 브레비티를 달성할 수 있다.

테스트해 보자. 방금 쓴 글을 친구에게 읽어 달라고 요청하거나, 몇 단락을 직접 읽어 줘 보자. 그리고 전달하고자 하는 주요 아이디어가 무엇이었는지 물어보자. 이건 부끄럽지만 매우 필요한 경험이다.

말하고자 하는 바를 이해시키는 가장 쉬운 길은… 그냥 요점만 이야기하는 것이다. 그러곤 멈춰라. 친구가 여러분의 요점을 말 그대로, 도로 뱉어 줄 것이다.

우리는 이 책의 모든 장을 "그러곤 멈추세요!"로 마무리할 수도 있었다. 사람들이 가장 실수하기 쉬운 부분이기 때문이다. 우리는 중요한 것들을 단어 더미 속에 숨긴다. 명확하게 말하지 않고, 듣는 이가 추론하게 한다. 화려하기보다는 효과적인 사람이 되는 게 중요하다.

2015년 말, 우리 셋은 첫 스타트업이자 자식과도 같은 폴리티코를 떠나기 위한 씁쓸하고 비밀스러운 싸움을 치르고 있었다. 폴리티코의 소유주인 로버트 올브리튼Robert Allbritton은 우리의 퇴사를 비참하게 만들고 있었다. 우리는 반격하고 싶었다. 그것도 아주 강하게.

짐이 버지니아주 알렉산드리아에 있는 크리스트 더 킹 교회 의자에 앉아 생각에 빠져 있을 때였다. 데이비드 글레이드David Glade 목사가 선한 삶의 어려움에 대해 말하고 있었다. 목사는 인생의 모든 혼란과 도전 속에서 한 사람이 어떻게 매번 옳은 일을 할 수 있느냐고 그의 자녀들이 물었던 이야기를 했다.

글레이드 목사는 이 거대한 존재론적 질문을 소화 가능한 것으로 좁혔다. 그는 자녀들에게 지혜의 아홉 단어를 전했고, 우리를 새로운 출발로 인도했다. "너희가 할 수 있는 건 그저 다음으로 옳은 일이다All you can do is the next right thing."

이 한 문장이 얼마나 간단하고, 직설적이며, 기억에 남는지 생각해 보라. 그는 그저 마구 지껄이거나, 누가복음을 인용하거나, 히브리 시를 낭독하거나, C. S. 루이스의 지혜를 언급할 수도 있었다. 또는 저 아홉 단어를 더 날카롭게 다듬을 수도 있었다. "다음으로 옳은 일을 하라Do the next right thing."

글레이드 목사는 현대 커뮤니케이션의 유일하고도 가장 중요한 교훈을 멋지게 보여 줬다. 짧고, 스마트하고, 단순하고, 직설적이어야 모든 것을 뚫고 지속될 수 있다.

2021년 10월에 신도들을 위해 남긴 메모에서 그는 윌리엄 스트렁크William Stunk의 《글쓰기의 요소Elements of Style》(1918)를 인용했다. "강력한 글은 간결하다. 문장에 불필요한 단어가 있어서는 안 되고, 단락에도 불필요한 문장이 있어서는 안 된다. 이는 그림에 불필요한 선이 있거나 기계에 불필요한 부품이 있어서는 안 되는 것과 같은 이유다."

**왜
중요한가**

생각과 아이디어를 분명하게 하고, 눈에 띄게 포장하고, 단어와 시간을 절약하는 법을 배운다면, 훨씬 더 나은 커뮤니케이션을 할 수 있다.

우리는 이기적으로 이야기하는 경향이 있다. 글을 쓰려고 앉거나 말하려고 일어날 때, 녹음기 플러그를 꽂았을 때, 자신이 이야기하고 싶은 것에 대해서 생각한다. 다른 사람이 궁금해하는 내용이나 들어야 하는 내용에 대해 생각하지 않는다. 생각을 바꾸자.

누군가에게 잘못을 해 사과하는 상황을 생각해 보자.

"내가 그렇게 말해서 정말 미안한데, 내 생각은 이랬어… 그리고 나를 화나게 했던 네 이전 행동들이 내가 그렇게 못된 말을 하도록 한 것 같아…"

이렇게 말하는 게 낫다. "그렇게 말해서 진심으로 미안해."

사과하겠다는 선명한 의도가 불필요한 단어들 속에서 어떻게 길을 잃는지 보이는가?

겁쟁이들이 문장 속으로 숨는 법이다.

또는 직장이나 교실로 가 보자. 피드백을 주고받을 때만큼 우리의 진짜 감정을 속이고, 왜곡하고, 바꾸는 경우도 드물다. 극소수의 사람만 직설적일 수 있는 자신감을 가지고 있다. 대부분은 어렵지만 필요한 대화를 위해 주변을 서성거릴 뿐이다.

"당신은 훌륭한 일을 정말 많이 하고 있고, 내게도 물론 여러 단점이 있어요. 인생은 원래 어렵고 예측할 수 없다는 것도 알아요. 하지만 나는 당신이 우리가 맡긴 프로젝트에 더 많은 노력을 기울여 주었으면 합니다. 만약 더 노력하기가 힘들다면, 업무성과 관리 대상자 목록에 당신을 올릴 수밖에 없어요."

이렇게 말하는 게 낫다. "당신이 빠르게 개선해야 할 한 가지가 있습니다. 핵심 과제에 더 많은 노력을 기울이세요."

또는 계획을 바꾸려는 상황을 생각해 보자. 모든 생각을 말하려고, 과하게 설명하며 낭비하고 있는 단어와 시간을 떠올려 보자.

"낸시, 계획이 바뀌어서 미안해. 일도 많고 바이러스 때문에도 완전 엉망진창이야. 점심 약속을 길모퉁이에 있는 멋진 베이커리로 바꿔야 할 것 같아. 매번, 특히 올여름 내내 약속을 바꿨으니, 내가 사도록 할게."

이렇게 말하는 게 낫다. "점심 약속 장소를 길모퉁이 베이커리로 바꾸자. 내가 살게."

또는, 종종 최악인, 간단해야 할 업무 업데이트가 있다.

"존. 많은 회의와 논의 끝에 우리는 월요일 미팅을 핵심 임원으로만 축소하기로 했습니다. 이러한 사실이 많은 사람들, 특히 빠르게 발전하고 있는 부서에는 큰 실망이라는 걸 당신도 알 것입니다."

누가 핵심을 알기까지 이 혼란을 헤쳐 나가고 싶겠는가?

● 이렇게 말하는 게 낫다. "**업데이트:** 월요일 미팅은 핵심 임원만 참석."

그냥 말하세요

누군가의 아내이자 어머니, CEO이며 전 세계 기업가들의 조언자인 리사 로스Lisa Osborne Ross는 만나는 모든 사람들에게 간청한다. "제발 여러분이 전달하려는 바를 진실하고 짧게 말해 주세요."

왜 중요한가

글로벌 커뮤니케이션 대기업인 에델만Edelman의 CEO 로스는 "우리는 덧붙이는 말에 불안을 숨긴다"라고 말한다. "당신의 메시지는 길을 잃었고, 진정성 또한 의문스럽습니다. 당신의 능력마저도 저를 망설이게 하는데, 왜냐하면 너무 정신없어 보이기 때문입니다."

세계적인 홍보 회사를 경영하는 로스는 고객사와 각 부서의 전략 및 기획을 업데이트할 때, 악시오스 HQ와 스마트 브레비티를 활용한다. 이것이 직원, 고객에게 정보를 제공하고 관여시키는 방법이다. 몇몇만 아는 은어와 허튼소리를 차단하기 위해 그는 이 원칙을 매우 엄격하게 적용한다.

예를 들어 코로나로 매장을 닫아야 하는 CEO가 있다면, 간단하게 "안전해지면 돌아오겠습니다"라고 설명할 수 있다고 로스는 말한다. 하지만 그러고 나면 법조팀이 관여한다. 커뮤니케이션 전문가들도 끼어든다. CEO도 태도를 바꿔 소극적으로 응답하고, 결국 뻔한 기업의 안내문처럼 들리기 시작한다. 그럴 때면 로스는 고객들에게 이야기한다. "이미 대답을 하셨어요… 그냥 말하세요."

로스는 사람들이 "하고 싶은 말을 그냥 하기보다는 특정한 어투로 말하거나, 포장하거나, 개념화하기 위해 시간을 허비한다"고 설명한다.

로스의 조언은 업종과 직책에 무관하게 우리를 소통하는 리더로 만들어 줄 수 있다. "사람들은 직접적이고, 명확하고, 진실한 커뮤니케이션을 원합니다. 만약 여러분이 저를 속이거나 헛소리를 하려고 한다면 금방 귀를 닫을 겁니다."

로스는 코로나19가 가지고 온 희망의 조짐이 "나의 시간은 중요하다"는 데 있다고 말한다. "이제 일과 삶이 모두 어우러지기 때문에 우리는 더 효율적이어야 합니다. 만약 여러분이 흥미를 끌지 못한다면, 저는 무시할 거예요."

요약

로스는 학교에서 그를 가르쳤던 '페미니스트 수녀'가 정확히 옳았다고 이야기한다. "그냥 여러분 자신이 되세요." 단어 더미에 숨지 말자.

스마트 브레비티란 무엇인가

① **타깃으로 삼고 있는 한 사람에게 집중하라.**

② **그들이 기억하길 바라는 한 가지를 계획하라.**

마이크가 〈리치몬드 타임스-디스패치〉의 신입이었을 때, 베테랑 기자 중 하나였던 마이클 하디Michael Hardy는 마이크의 동료들이 써 온 서툰 기사 초안에 다음과 같이 비평하곤했다. "생각해! 그러고 나서 글을 써!"

신랄하지만, 좋은 조언이다.

만약 여러분이 전달하려는 바를 정확히 알지 못한다면, 독자들이 이해할 가능성은 전혀 없다.

③ **사람에게 말하고, 사람을 위해 써라.**

간단하고, 명료하고, 직설적으로 써라. 대화하듯 써라. 진정성과 공감은 필수 요소다. 이 두 가지는 사람들로 하여금 말에 귀 기울이고, 기억하게 할 것이다.

마이크는 그의 뉴스레터 〈악시오스 AM〉을 똑똑하고 호기심 많은 친구와의 대화라고 생각하곤 한다.

얼굴을 마주하고 앉았을 때, 우리에겐 서로를 지루하지 않게 해 주는 사회적 단서가 있다. 우리는 무의식적으로 '네가 날 좋아했으면 좋겠어'라고 생각한다. 그래서 했던 말을 반복하지 않는다. 화려한 단어도 사용하지 않고, 사람들이 이미 알고 있는 것도 말하지 않는다. 당연한 것을 설명하지 않는다.

그런데도 키보드 앞에만 앉으면 우리는 이 모든 것을 반복한다.

묘수가 있다. 전달하려는 요점을 다른 사람에게 이야기하자 (또는 스스로에게 이야기하자. 아무도 모를 거다).

그 요점은 여러분이 앉아서 "쓰며" 떠올리려 했던 것보다 더 명료하고, 더 흥미롭고, 더 시급할 것이다.

④ 그러고 나서 써라.

독자, 시청자 또는 청중이 기억하길 원하는 **한 가지**를 적자. 모든 것에 앞서 이걸 쓰자.

그리고 십수 단어 이내로 줄이자. 짧을수록 좋다. 질문이 아닌 선언이나 데이터로 된 요점이어야 한다. 새로운 것인지 또는 필수적인 것인지 확인하자. 약한 단어는 지우고 모든 질척이는 동사, 형용사는 삭제하자.

⑤ 그리고 멈춰라.

정말 하고 싶은 말을 알지 못한다면, 무엇을 쓰고 있는지 이해하지 못한다면, 높은 확률로 우리는 너무 많은 이야기로 지면을 채울 것이다.

연인과 이별할 때, 연봉 협상을 할 때, 잘못한 일을 고백할 때도 우리는 똑같은 실수를 한다. 계속 말하지만 그게 인간 본성이며, 관계와 커뮤니케이션을 죽이는 행동이다. 그냥 멈춰라.

스마트 브레비티란 무엇인가

How
to
Do It

Part 2

어떻게
할
것인가

가치를
제공하라

스마트 브레비티
지수

1,092단어
4분

미국 메릴랜드 대학교 로널드 야로스Ronald Yaros
교수는 우리가 진짜 읽는 것이 무엇인지 포착하기
위해 시선 추적 연구를 활용한다. 그는 사람들이
콘텐츠를 단지 훑어만 본다는 사실을 발견했다.

왜
중요한가

수년간 이런 연구를 해 온 야로스는 일반적인 사람은 하
나의 글이나 정보에 평균 26초 정도만을 사용한다고 말
한다. 그는 이걸 "텍스트에 쓰는 시간time on text"이라고
부른다. 26초 이후의 글? 낭비다.

그렇다. 이건 무서운 이야기다. 하지만 우리를 자유롭게 만들어 주
기도 한다. 군더더기를 없애고, 요점만 파악하도록 해 준다.

독자들이 악시오스 스타일이 시간을 절약해 주고 어려운
주제에 대한 이해를 높여 준다고 말하기 시작했을 때, 우
리는 성공을 확신했다. 우리는 다른 웹 사이트의 자동차
경주 같은 소음과 산만함을 제거하기 위해 엄청나게 노력
했고, 문장 덩어리 대신 짧고 필수적인 내용들을 썼다.

수년간 기자 생활을 해 온 우리였지만 고맙다는 편지를 받기는커녕
그런 기대조차 해 본 적이 없었다. 그저 정치에 대해 글을 쓴 대가로
분노에 가득 찬 이메일만 받았었다.

플로리다주 포트로더데일의 부동산 중개업자 메건 그린Megan Green은 스마트 브레비티가 감정적으로 흥분하기 쉬운 구매자와 판매자를 대할 때 부정, 의심, 사기를 줄일 수 있다고 말한다.

왜
중요한가

판매의 성공은 효율에 달려 있다(*이 문장의 힘과 효율에 주목하라*).

메건은 말한다.

"사실에 집중하고, 예의 바르게 대하세요. 이 과정에 사람들은 압도됩니다. 저는 모든 것을 이메일, 문자 등 서면으로 작성합니다."

"저는 '안녕하세요, 좋은 하루 보내고 계시죠'라고 이야기하며 시간을 낭비하지 않습니다. 불릿으로 '수도 설치법'을 안내할 뿐입니다. 알맹이만요."

"노란색으로 하이라이트를 해 둡니다. 누군가가 질문하면, 그들의 질문을 복사해서 어두운 보라색이나 볼드체로 답을 답니다."

결론

바쁜 업무에는 돈이 든다.

어떻게 할 것인가

기억해야
할 사실

소음으로 가득 찬 세상에서 사람들의 시간과 지성을 존중하면, 그들은 보상한다. 이건 보편적인 진실이다. 반대도 성립한다. 시간을 낭비하게 하면, 그들은 짜증을 낸다.

기자들은 최악의 짜증 유발자다. 우리는 그들이 작성한 1,200단어를 대충 훑어보고는 깊이 묻혀 있는 한 단락만이 시간을 들일 가치가 있었음을 깨닫는다. 기자뿐만 아니다.

- 책은 왜 본격적으로 시작하기 전에 20여 페이지를 그냥 넘겨야 하는가?

- 왜 동영상을 보기 전에 아무 관련도 없는 광고를 봐야 하는가?

- 한두 가지 사실을 알기 위해 왜 서문, 프레젠테이션, 요약문을 읽어야 하는가?

야로스 교수는 '디지털 참여 모델Digital engagement model'이라 부르는 자신의 최신 연구를 소개해 주었다. 연구의 목적은 사용자가 서로 다른 정보 유형에 어떻게, 그리고 왜 참여하는지 예측하는 것이었다.

- 스마트 브레비티의 결론은 이것이다. **사람들은 참여하지 않는다.**

대부분의 독자들은, 컨설턴트인 린다 스톤Linda Stone이 말하는 '지속적인 부분 집중continuous partial attention' 상태에 있다.

- 야로스의 연구에 따르면, "이건 멀티태스킹이 아니라 단지 사용자가 계속해서 다음 알림, 텍스트, 이메일에 대해 생각하고 있음을 뜻

한다."

놀랍다. 심지어 많은 독자들은 글을 읽는 중에도 주의를 기울이지 않는다.

설령 독자가 신경 쓰고 있다고 해도, 주의를 유지시키는 건 쉽지 않다. "우리가 흥미로워하는 콘텐츠일지라도, 시간이 참여를 제한한다"고 야로스는 말한다.

야로스 교수는 기자들에게 독자를 "걷어차" 떨어져 나가게 하지 말라고 경고한다.

다음의 네 가지가 주범이다. 너무 긴 글. 너무 많은 은어. 너무 다양한 선택지. 너무 긴 동영상.

이들의 공통점은 무엇인가? 적을수록 좋다는 사실이다.

야로스 교수는 이 개념이 서면 소통에서부터 온라인 동영상, 심지어 비디오 게임에 이르기까지 보편적으로 적용됨을 발견했다. 우리는 짧은 시간 안에 모든 종류의 디지털 콘텐츠를 소비하고, 빠르게 벗어난다.

160만 명의 트위터 팔로워를 가지고 있고 "셀 수 없이 많은" 스타트업에 투자해 온 벤처 캐피탈리스트 크리스 사카Chris Sacca는 이렇게 조언한다. "비즈니스 이메일이나 편지를 쓰세요. 다 작성했다면, 다시 돌아가서 두세 문장 안에 여러분이 그 밑에 작성한 모든 내용이 담기도록 수정하세요. 종종 세 문장까지가 겨우 읽힙니다."

① 반드시 전달해야 하는 요점 목록을 작성하라.

중요도에 따라 순서대로 작성하라. 첫 요점이 기억에 남을 가
능성이 가장 높다.

마이크는 BJ 홀세일 클럽BJ's Wholesale Club 임원의 연설을 듣고 우
리가 지금도 자주 사용하는 유용한 팁을 얻었다.

> 마이크는 대중 강연의 모든 비밀을 알고 있다고 믿었다. 하지만
> 생각이 바뀌었다. 그는 BJ 홀세일 클럽 임원이 어떤 말로 연설을
> 시작하는지 들을 수 있었다. "이 이야기에서 여러분이 기억해야 할
> 단 한 가지가 있다면…" 그것은 무엇이 가장 중요하고, 무엇을 기
> 억하길 바라는지 사람들에게 분명히 알리는 훌륭한 방법이었다.

② 가능하다면, 중요한 요점 목록을 한두 가지로 줄여라.

줄이는 게 어렵다면, 문장 덩어리 대신 불릿으로 작성하라.

불릿을 언제 사용할지 어떻게 알 수 있을까? 자신의 읽기 습관을 생
각해 보자. 정말로 이메일을 처음부터 끝까지 읽고, 보고서를 단어 하
나하나 훑으며 연구하는가? 당연히 그렇지 않을 것이다.

> 운이 좋다면 어떤 팟캐스트, 회의, 설교, 줌 미팅 등에서 하나의 아
> 이디어, 일화, 팁, 실천법, 유머, 통계치, 통찰을 얻어 갈 것이다.

> 이만하면 성공이다. 그렇지 않은가? 우리는 대개 팟캐스트를 듣거
> 나 미팅에 앉아 있어 봤자 단 한 가지 사실도 기억하지 못한다.

바로 그 사실에 마음을 기울여라. **청중이 선택하게 두지 마라. 여러분
이 선택하라.**

③ 직감으로 확인하라. 이 요점, 세부사항, 개념은 반드시 필요한가? 만약 그렇다면 그걸 전달할 더 간단한 방법은 없는가?

④ 지우고, 지우고, 지워라. 보내기 전에 어떤 단어, 문장, 단락을 지울 수 있는가? 적은 게 더 많은 법이다. 이건 상대방을 위한 일이기도 하다. 우리가 줄인 모든 단어, 문장은 상대방의 시간을 아껴 준다.

이 작업을 마치면 사람들은 새로운 아이디어나 메시지를 들을 때 눈 굴리기—그러니까, 딴 생각을 멈출 것이다.

사람들은 우리의 아이디어를 환영하고, 메시지는 크고 선명하게 들릴 것이다.

사례

변경 전

올해 첫 번째 행사인 퍼스트FIRST 축구 대회는 스프링필드 사커플렉스에서 열릴 것이며, 그곳에서 우리 학생들은 스미스 코치의 지도 아래 또 다른 멋진 한 해를 시작하고, 바라건대 우승할 것입니다.

이번이 우리가 함께 하는 첫 번째 대회가 아니니 아마 당신도 알고 있겠지만, 학생들은 오후 1시까지 음식과 물 등을 가지고 와야 합니다. 감사합니다. 레드독스 파이팅!!!

변경 후

퍼스트 축구 대회가 스프링필드 사커플렉스에서 열립니다. 학생들은 오후 1시까지 도착해야 합니다. 레드독스 화이팅!

6

사로잡아라!

스마트 브레비티
지수

1,068단어
4분

글에서 가장 중요한 단어는 제목과 헤드라인,
또는 트윗, 메모, 논문의 첫 문장이다. 여러분은
독자의 시선을 사로잡고, 홀리고, 유혹해야 한다.

왜
중요한가

대부분의 사람들은 이렇게 하지 못하고 소심하고 장황한
산문을 쓴다. 하지만 나쁜 습관은 쉽게 고칠 수 있다. "안
녕하세요"에서 독자를 잃지 마라.

- 다음 몇 챕터는 스마트 브레비티를 구성 요소로 해부하고 여러분이
  어떻게 실천할 수 있는지 단계별로 보여 준다. 가장 중요한 단계는
  여러분의 입에서 나오는 첫 번째 단어, 즉 도발적인 제목이다.

큰 그림

뇌는 싸우거나 도망치거나, 클릭하거나 스크롤하거나, 읽
거나 무시하거나, 기억하거나 잊으며 빠르게 '네/아니오'
를 결정하도록 설계되어 있다.

- 훌륭한 아이디어나 단어로 인한 도파민 폭발은 여러분에게 몇 초의
  시간을 더 벌어 준다. 모든 글쓰기는 타인의 시간과 관심을 위한 전
  쟁이다.

- 사람들은 헤드라인만 읽고 대부분의 이메일을 꺼 버린다. 무시는 습
  관이 되고, 동시에 중요한 정보를 놓치지 않을까 하는 상시적인 두
  려움이 된다.

• 악시오스 고객팀은 스마트폰 화면에서 모든 단어가 드러날 만큼 충분히 짧은, 대략 여섯 단어가 이메일 제목으로 최적임을 알게 되었다.

그게 우리를 성공의 문으로 들어가게 할 것이다.

부동산 업계의 토니 로빈스

버지니아주 북부의 센츄리21 레드우드 부동산Century 21 Redwood Realty 공동 창업자이자 회장인 에디 베렌바움Eddie Berenbaum에게는 중개 에이전트 모집을 위한 뉴스레터를 보낼 때 사용하는 비밀 무기가 있었다.

비밀 무기란, 성공 서밋Success Summit을 운영하며 "일어나라, 끝장내라, 반복해라!"라고 쓰인 티셔츠를 판매하는 동기 부여 코치 톰 페리Tom Ferry와 토니 로빈스Tony Robbins다.

베렌바움은 페리의 이름을 제목에 포함하는 것만으로도 타깃 독자, 즉 부동산 중개업자들이 이메일을 열어 볼 가능성이 크게 높아진다는 사실을 알게 되었다.

베렌바움은 100명 이상의 최고 중개업자들에게 보내는 주간 업데이트에 악시오스 HQ를 활용했고, 오픈율이 치솟는 것을 목격했다. 이는 더 많은 비즈니스 기회를 창출하고, 그의 팀이 매주 최고의 목표와 계획에 도전할 수 있게 만들었다.

왜 중요한가

헤드라인이나 제목에 포함된 유명인의 이름이나 브랜드—기업인들에게는 워런 버핏, 학생들에게는 나이키—는 바쁘고 까다로운 독자가 클릭하는 데 필요한 1초의 집중력을 제공한다.

베렌바움은 팁이나 교육 자료 같은 유용한 콘텐츠도 독자의 참여를 유도하는 데 도움이 된다고 말한다.

"만약 그들이 내 이메일을 클릭한다면, 마주 앉아 대화를 나눌 만하다고 생각하는 겁니다."

그는 펜실베이니아주 베델 파크 고등학교의 영어 선생님 덕분에 이 뉴스레터 형식을 더 쉽게 받아들였다. 베렌바움이 30년 동안 고수한 선생님의 조언은 다음과 같다.

"써라. 그리고 되돌아가서 적어도 절반은 지워라. 그러면 점점 더 날카로워질 것이다."

적절한 단어를 사용하는 것은 누군가로 하여금 뒤따라 오는 수백 개의 단어를 읽거나 듣도록 한다. 생각해 보라. 우리는 수없이 많은 시간을 글을 쓰는 데 사용하지만, 독자의 주의를 붙잡기 위한 생각은 처음부터 거의 하지 않는다.

〈뉴욕 타임스〉의 헤드라인을 쓴다고 생각해 보라. 정확하면서도 도발적인 재미를 주는 문장으로 독자를 끌어당기고 싶다. 이런 이유 때문에 웹 사이트나 종이 신문에서 헤드라인은 크고 어두운 폰트로 쓰인다.

헤드라인―이메일이라면 제목―은 스마트 브레비티로 치자면 "이봐, 들어 봐"에 해당한다.

이런 거다. "중요한 이야기가 있어. 당신의 시간을 들일 가치가 있도록 흥미롭게 말할 테니 들어 봐."

만약 헤드라인을 "저低폐기물 경제가 본궤도에 오르다"라고 시작했다면, 나는 그의 글에 관심조차 두지 않을 것이다. 하지만 제목이 "쓰레기에서 돈을 캐는 스타트업들"이라면, 눈길을 줄 것이다.

우리는 "중요한 소식을 위해 몇 초를 할애할 수 있나요?"라고 말하면서 사람들을 지루하게 한다. 하지만 "빅 뉴스, 저 이직합니다"라고 말하면 단숨에 시선을 잡아끌 수 있다.

"이건 정말 중요한 이야기이고 여러분은 이 글을 반드시 읽어야 합니다. 다음을 클릭하세요"라는 트윗은 아무도 클릭하지 않는다. 대신 이런 트윗을 상상해 보라. "특종: 일론 머스크의 다음 수"

우리가 주의를 잘 끄는 사람인지 알 수 있는 확실한 방법이 있다. 자신이 쓴 게 아니라도 정말, 그 글을 읽을 것인가?

대형 언론사 웹 사이트 중 하나를 열면, 기자들도 결코 읽지 않을 이야기들이 가득 차 있는 모습을 보게 된다. 글 쓰고 돈을 받는 사람들이 작성한 글도 그렇다. 초심자가 힘겨워하는 것도 놀랍지 않다.

여러분은 애써 만든 고급 음식을 절대로 개 밥그릇에 담아 제공하지 않을 것이다. 이런 상황은 기본적으로 잘 다듬어진 생각을 전달하고자 하지만, 도입부로 인해 독자를 잃거나 혼란스럽게 하는 경우와 동일하다.

헤드라인

"변경 전" 사례는 다른 언론사 웹 사이트를 장식했던 실제 헤드라인이다. "변경 후"는 악시오스에서 사용한 헤드라인이다.

변경 전 캘리포니아의 코로나바이러스 변이는 처음보다 전염성이 더 강할 수 있고 보다 심각한 질환을 일으킬 수 있다

변경 후 캘리포니아 코로나19 변이는 처음보다 전염성이 더 강함

변경 전 미래에 불황이 닥친다고 해도 헬스케어 분야 일자리는 미국 노동 시장의 성장을 유지할 수 있을 것이다

변경 후 헬스케어 일자리는 불황을 타지 않는다

변경 전 왜 몇몇 미국인들은 의료비가 늘어나는 만큼 번창하지 못하고 있는가

변경 후 미국인들은 의료비 지불을 위해 분투하고 있다

이메일 제목

변경 전 잠시 뒤에 있을 미팅에서 논의하기 위한 월요일 팔로우업 몇 가지

변경 후 두 가지 중요한 업데이트

변경 전 바이러스에 대응하기 위한 계획 업데이트/재택근무

변경 후 재택근무 계획

변경 전 우리가 검토할 제품 주간 요약 - 확인해야 할 몇 가지 새 템플릿

변경 후 주간 요약 : 7개 새 템플릿

(1) 시작하기에 앞서 그만둘 게 있다.

헤드라인이나 제목에 너무 많은 단어를 쓰지 말아야 한다. 최대 여섯 단어로 제한하자.

그만 웃겨라. 비꼬지 마라. 수수께끼도 내지 마라. 헷갈리기만 할 뿐 똑똑한 전략이 아니다.

고상한 단어나 업계 용어를 쓰지 마라.

(2) 나쁜 습관을 걷어찼다면, 새롭고 건강한 습관을 시작해야 한다.

글을 써야 한다고 생각한 이유를 열 단어 이내로 작성하라.

그것을 가능한 한 가장 도발적이면서도 정확한 방법으로 써라.

짧은 단어가 강력한 단어다. 3음절 단어보다 2음절 단어가 강력하고, 2음절 단어보다 1음절 단어가 강력하다. 일반 규칙이다.

강력한 단어가 부드럽고 질척거리는 단어보다 낫다.

항상 능동태로 써라.

(3) 소리 내어 읽어라.

더 알고 싶거나 필요하다고 유혹하듯 들리는지 확인하라.

중요한
단 한 가지

스마트 브레비티
지수

921단어
3½분

이 책을 통해 얻어야 하는 게 하나 있다면, 바로 이거다. 사람들에게 알리고 싶은 한 가지를 찾아서 그것을 열렬히 알리는 법을 배워라.

강력한 문장 하나로 해내라. 그렇지 않으면 아무도 기억하지 못한다. 이게 가장 중요한 요점이자, 기자들이 "리드"라고 부르는 것이다.

**왜
중요한가**

이메일이든, 페이스북이든, 스마트폰으로 무엇을 읽든 바쁜 사람들은 단편적인 것만 기억한다. 그들은 여러분의 사색을 훑으면서 단어 하나하나를 읽지 않는다. 대신 두 가지 질문에 답하려고 한다.

도대체 이게 뭔가?

내 시간을 들일 필요가 있는가?

큰 그림

마이크가 젊은 기자 시절 배운 가장 유용한 팁은 이것이다.

인터뷰를 하거나 사건을 취재한 후 편집자나 룸메이트, 또는 연인에게 전화해 무슨 일이 있었는지 이야기해 보라. 그게 여러분의 첫 문장이다. 언.제.나.

쩔쩔매다

우리의 친구 중 하나인 클리프 심스Cliff Sims◆는 2016년 대통령 선거 운동 때부터 백악관 시절까지 도널드 트럼프와 함께 일했다. 그는 별의별 기막힌 일화를 많이 알고 있는, 그야말로 작가의 눈을 가진 A+ 이야기꾼이다. 트럼프 정부를 떠난 뒤, 그는 눈이 번쩍 뜨이는 뒷이야기를 몇 시간이고 할 수 있었다.

그러나 막상 책을 쓰기 시작하자 글이 잘 나오지 않았다. 일화는 투박했고, 와닿지 않는 먼 이야기로 들렸다.

우리는 그에게 조언했다. 아내에게 이야기한 뒤 아이폰으로 그걸 녹음하라고 말이다. 그리고 옮겨 적으라고. 그게 그의 책이 될 것이었다.

이 방법은 제대로 작동했다. 《독사의 팀Team of Vipers》(2019)은 트럼프 세계의 광기를 보여 주는 최고의 책 중 하나로 남아 있다.

◆　전 백악관 공보 참모.

마이크가 짐에게 배운 다른 유용한 팁도 소개한다. "보지도 읽지도 않을 것에는 아무런 관심도 주지 않는다."

- 첫 문장은 누군가에게 알아야 할 게 있다고, 다른 글로 떠나서는 안 된다고 설득할 유일무이한 기회다.

- 우리에게는 분명하게 말할 수 있는 단 몇 초가 있다. 몇 초 뒤면 다른 이메일, 웹 사이트, 알림에 독자를 빼앗긴다.

우리는 머릿속으로 이미 무엇이 가장 재미있고 중요한지 알고 있다. 하지만 글을 쓰기 시작하면 그것이 점점 더 복잡하고, 애매하고, 평범한 것으로 바뀐다. 어떤 종류의 커뮤니케이션이든 마찬가지다.

- HBO 프로그램에 쓸 악시오스의 중요한 인터뷰가 끝나면, 우리는 전체 내용을 보거나 녹취를 읽으면서 최고의 순간을 골라낸다. 인터뷰가 끝난 직후에는 즉시 기자를 붙잡고 무엇이 가장 흥미롭다고 생각하는지 묻는다.

만약 팀원에게 업데이트 내용을 알릴 글을 쓰거나 친구에게 보내는 메모를 쓰고 있다면, 낭비할 시간이 없는 엘리베이터에서 그들에게 이야기하고 있다고 상상하라.

- 만약 그들이 문밖으로 나가려 한다면, 잊지 않기를 바라며 뭐라고 외칠 것인가? 그게 우리의 첫 문장이다.

어떻게
작동하는가

언론사의 작은 비밀 중 하나는 대부분의 기자가 견고한 첫 문장을 쓰는 데에 영 재능이 없다는 사실이다. 그러니 속상해하지 마라. 기자들은 그걸 하라고 돈을 받는데도 여전히 쩔쩔맨다.

폴리티코에서 우리와 함께 일했던 존 브레스나한John Bresnahan은 사업가적 감각을 발휘해 〈펀치볼 뉴스Punchbowl News〉◆를 공동 창업했다. 그는 언론학 전공자가 떠올릴 법한 저널리스트로는 영 적합하지 않은 거칠고 심술궂은 사람이다. 하지만 그는 첫 문장이 해야 할 일을 완벽하게 제시한다. "씨@%% 그냥 내가 모르는 걸 말해 줘."

다음은 일반적이고, 끔찍한 이메일 첫 문장 사례다.

변경 전
바쁘고 해야 할 일이 많으시다는 걸 잘 알고 있지만, 제가 파티를 열 계획입니다. 라이브 밴드가 와서 연주하도록 섭외하고 싶은데, 당신의 도움이 필요할지도 모르겠습니다.

변경 후
라이브 밴드가 오는 멋진 파티를 엽니다.

◆ 미국 의회의 유력 인사들을 주로 다루는 회원제 뉴스 서비스로, 2021년에 설립되었다.

다음과 같은 리드로 시작하는 이야기를 마주쳤다고 생각해 보자. "조 바이든 대통령은 어려운 외교 문제와 국내 위기를 헤쳐 나가기 위해 오랜 세월 그를 도운 조언자들에게 의존하고 있고, 민주당 일각에서는 이 비밀스러운 그룹이 그의 의사결정 과정을 더 복잡하게 만들 수 있다고 우려하고 있다." 하품이 다 나온다.

이건 어떨까. "조 바이든은 백악관을 그의 숙적 조지 W. 부시가 했던 것처럼 운영하고 있다: 작고, 비밀스럽고, 같은 생각을 가진 사람들의 과두정치." 이게 게임의 시작이다.

또는 임금 인상을 요구한다고 생각해 보자. "저는 여기에 3년간 있었고, 매우 열심히 일했으며, 자금을 조달해야 하는 새 집과 자동차가 있습니다. 만약 당신이 원한다면, 급여 인상의 가능성에 대해서 논의하고 싶습니다."

이렇게 해 보자. "저는 저의 가치를 알고 있고, 급여 인상을 논의하고 싶습니다."

이번에는 교수님에게 과제에 대해 알려 보자. "시어도어 루즈벨트에 대한 과제 마무리가 조금 늦어져서 죄송합니다. 연구 과정에서 그의 리더십 스타일에서부터 미국에서 그의 환경 정책의 효율성에 대한 보다 구체적인 관점까지 초점이 자꾸 바뀌어 많은 어려움을 겪었습니다. 이제 그의 리더십 스타일이 광범위하고 웅장하지만 제가 탐구하고 연구하고 쓸 수 있는 여지가 더 많다는 것을 알게 되었습니다. 이러한 관점으로 최종 보고서를 작성하여 일요일까지 제출하겠다고 약속드립니다."

이렇게 해 보라. "시어도어 루즈벨트의 리더십 스타일에 초점을 맞춰 일요일까지 과제를 제출하겠습니다."

어떻게 할 것인가

① **가장 중요한 요점을 압축시키자.**

타깃 독자가 제일 중요하다는 걸 기억하자.

② **일화는 빼자.**

농담이나, 잘난 척도 빼자.

③ **한 문장 제한을 지키자.**

그러고 나서 글을 써라.

④ **도발을 반복하지 말자.**

(도발을 사용했을 때의 이야기지만….)

⑤ **부사, 약한 단어, 관련 없는 단어를 잘라 내자.**

직설적이고, 간결하며, 명료한가?

⑥ **이제, 스스로 물어보자.**

상대방이 오직 이 문장만 보거나 들었을 때, 그것이 우리가 꼭 전하고자 했던 바로 그 내용인가?

그렇다면, 다음 단계로 넘어가라.

왜
중요한가

스마트 브레비티
지수

792단어
3분

여러분이 이 책을 읽으면서 보게 되는
"왜 중요한가"를 우리는 경구Axiom라고 부른다.
경구는 우리의 생각을 소화 가능한 맥락 안에
위치시키기 위한 방법이다.

"숫자로 보면" "맥락" "무슨 일이 일어나고 있는가" "다른 측면에서
는" "팩트 체크" 등의 경구는 빠르게 읽어 내려가는 사람들을 안내
하는 선명한 표지판이다(우리를 믿어라. 여기 있는 경구 모두가 그
렇다).

**왜
중요한가**

무엇이 중요한가만이 아니라 *왜* 중요한지 이해하기에도
어려울 만큼 사람들은 너무 바쁘다. 그들을 구하는 영웅
이 되자. 짧고, 명료하고, 이해를 돕는 방식으로 이야기
하라.

상사에게 어떤 중요한 사안에 대해 보고해야 한다고 상상
해 보자.

변경 전

제목: 직원 관련 소식이 있어 시간 나실 때 보시도록 공유드립니다

번거롭게 해 드려 죄송합니다만, 이미 알고 계시듯 제넷 스몰은 우리의 가장 중요한 프로젝트 중 2개를 훌륭하게 이끌고 있었습니다. 그런데 제넷이 몇 주 이내에 다른 곳으로 이직할 거라고 방금 제게 알려 왔습니다. 음, 큰 충격이네요. 우리 경쟁사로 이직하는 것으로 보입니다. 우리는 새로운 팀장을 찾기 위해 재빨리 움직일 것이지만 이런 일은 시간이 걸리곤 해서요. 제넷이 해 오던 업무들 중 일부는 제가 담당할 수 있지 않을까 생각합니다.

변경 후

제목: ✉ 팀장 퇴사
제넷 스몰이 2주 뒤에 경쟁사로 이직한다고 알려 왔습니다.

왜 중요한가: 제넷은 우리의 가장 중요한 전략 프로젝트 3개 중 2개를 이끌고 있습니다. 대체할 사람을 찾기 전까지는 제가 업무를 맡겠습니다.

- 좋다. 나에게 새로운 것을 알려 주었다. 하지만 내가 왜 신경 써야 하는가? 왜 내가 이걸 기억하고, 공유해야 하는가?

- 또박또박 설명하라. 독자들이 어떻게 생각해야 하는지 첫 질문 바로 뒤에 이야기하라.

뒷이야기

우리는 직관적인 생각을 담은 경구 위에 회사를 지었다. 회사 이름은 이 생각들의 변주다. 악시오스는 "가치 있는worthy"의 그리스어로, 독자들이 할애하는 시간, 신뢰, 관심의 가치에 부합한다는 뜻이다.

- 경구는 길거리 표지판과 같다. 우리가 지금 어디에 있고, 어디로 향해 가고 있는지 알려 준다.

- 우리는 한 가지 경구에서 시작해서 가장 중요한 요점을 작성한다.

어떻게 할 것인가

그것을 대화, 이메일, 프레젠테이션 등에서 강조한다. 경구는 다뤄지고 있는 주제에 대해 분명한 단서를 제공한다. 그 후 "깊이 알아볼" 것인지 또는 그냥 넘어갈 것인지는 독자가 결정한다.

우리는 저널리즘에서 쓰이는 "넛 그라프nut graf"를 도용한 셈이다. 넛 그라프란 우리가 왜 이 지루하기 짝이 없는 이야기를 읽고 있는지를 설명해 주는 문장이나 단락이다(우리가 일하던 대형 신문사에서 넛 그라프는 네 번째 단락이나 그보다 아래에 있었는데, 왜 그랬는지 여전히 그 이유를 모르겠다). 우리는 아이디어를 다듬었고, 이를 모든 형태의 커뮤니케이션에 적용했다.

다음은 우리가 좋아하는 경구들이다.

- 큰 그림
- 앞으로 일어날 일
- 무엇을 보고 있는가
- 무엇을 듣고 있는가
- 행간 읽기

- 뒷이야기
- 빠르게 따라잡기
- 자세히 보기
- 멀리서 보기

결론

스마트 브레비티는 허황된 게 아니다. 스마트 브레비티는 배울 수 있고, 가르칠 수 있다. 다음은 경구의 기술을 익히기 위한 몇 가지 요령이다.

강력하게 만들어라

약한 프레임

강력한 경구

약한 프레임	강력한 경구
알고 있어야 할 중요한 내용	왜 중요한가
우리가 관찰한 트렌드	큰 그림
데이터를 들여다봅시다	숫자로 보기
결론적으로	결론

(1) **"왜 중요한가"는 가장 흔하고 효과적인 경구다.**

사람들은 바쁘고, 스스로도 무엇을 원하는지 잘 알지 못한다. 그들은 자신도 모르는 사이에 맥락을 갈망한다. "왜 중요한지" 강조하라.

(2) **"왜 중요한가" 다음에는 그 정보가 중요한 이유를 한 문장, 최대 두 문장으로 설명하자.**

그것이 어떤 변화를 만들어 내는가? 정책, 사업 분야, 전략, 접근법을 바꾸는가?

그것은 신호인가? 생각이나 유행의 변화인가?

더 큰 맥락은 무엇인가? 비정상적이거나, 흥미롭거나, 파란만장한 일인가? 우리가 이전에 논의한 내용과 연관되어 있나?

(3) **문장은 모두 직설적이고 서술문이어야 한다.**

글의 첫 문장과 동어반복이어서는 안 된다. 관점을 더하고 이해시킬 수 있어야 한다. 리드와 경구를 크게 읽어 보라. 만약 누군가가 이걸 듣고 있다면, 글의 요지를 이해할 수 있는가? 지금 읽고 있는 것이 매우 새롭고, 꼭 필요하며, 눈을 뗄 수 없어서 더 읽기를 바라게 된다면 성공이다.

④ **이제 헤드라인과 리드 문장, 그리고 경구까지 세 파트 모두를 읽어 보자.**

누군가 이걸 들었을 때, 가장 중요한 사실을 곧바로 이해할 만큼 직설적인 방법으로 전달하고 있는가?

만약 그렇다면, 대다수의 사람이 2만 단어로 전하는 것보다 더 많은 내용을 200단어로 전하는 데 성공한 것이다.

어떻게 할 것인가

깊이
알아보기

스마트 브레비티
지수

1,052단어
4분

스마트 브레비티는 필수 정보를
가장 소화하기 쉽고 먹기 좋은 방식으로 담아낸다.

**왜
중요한가**

스마트 브레비티를 익히려면, 첫 경구로 사용되는 "왜 중
요한가" 다음에 깊이와 세부 내용, 미묘한 차이를 보다 빠
르고 보다 독자 친화적인 방식으로 전달해야 한다.

잊지 마라. 대부분의 사람들은 수십 단어 다음에는 집중하지 않으
며, 나머지는 잘해 봐야 훑어볼 뿐이다.

그렇다. 실망스러운 일이다. 하지만 사람들을 조금이라도 더 붙잡아
둘 수 있는 몇 가지 요령이 있다.

"깊이 알아보기"를 할 기회를 주는 것은 독자에게 만족감
을 주면서, 외면받을 게 뻔한 장광설을 늘어놓지 않고서
도 맥락을 짚어 낼 수 있게 하는, 스마트 브레비티의 출
구다.

마지막 단락에 "깊이 알아보기"라고 입력한 다음, 자료 출처나 동영
상, 팟캐스트, 인물 정보, 지도, 책의 발췌문, 여론 조사 지표 등 독자
가 토끼굴을 내려가게 할 모든 것의 링크를 첨부하라.

비밀을
말한다

대부분은 "깊이 알아보기"를 선택하지 않는다. 하지만 "깊이 알아보기" 자료를 보여 주는 것만으로도 독자들에게 우리가 그들 편이라는 사실과 그들이 원하는 만큼 쉽게 전달하고 싶어 한다는 것을 보여 준다. 뿐만 아니라 우리의 철저함과 배려심을 보여 줄 수 있다. 이런 뜻이다. "내가 다 해 두었으니 여러분은 일할 필요 없습니다."

● 마이크는 뉴스레터에서 자율주행자동차 프로그래밍 윤리에 대해 다뤘다. 최악의 상황에서 자동차는 앞에 있는 사람을 칠까, 아니면 방향을 바꾸어 인도에 있는 사람을 칠까?

● 마이크는 뉴스레터 항목에 영감을 준 뉴스 기사와 그 기사의 배경이 되는 학술 논문을 "깊이 알아보기"에 링크로 첨부했다. 이제 선택권은 독자에게 있다. 바로 필요한 정보만 얻거나, 좀 더 읽거나, 또는 토론의 미묘한 차이로 뛰어들거나 말이다.

글을 "깊이 알아보기"로 마무리하는 것은 효율적이고 우아하다. 그리고 독자에게 스마트 브레비티를 활용해도 미묘한 뉘앙스나 맥락이 훼손되지 않는다는 사실을 보여 준다.

어떻게 할 것인가

(1) **경구는 효과적이다.**

눈에 띄게 강조된 표시들은 자연스럽게 주의를 끌고 사람들
에게 어느 방향으로 나아가고 있는지를 알려 준다.

우리는 "깊이 알아보기"의 팬인데, 더 많은 데이터와 맥락을 제공하
겠다고 명확히 알려 주기 때문이다. 다양한 맥락을 위해 사안을 넓게
볼 때는 "큰 그림"도 유용하다.

(2) **불릿을 자주 사용하라.**

불릿은 중요한 사실이나 생각을 독자적으로 보여 주는 훌륭
한 방법이다. 우리가 글을 훑어보며 눈에 띄는 것을 빠르게
찾아낼 때 어떻게 하는지 생각해 보라. 불릿은 공간과 리듬을
만들며, 문장을 조각내고 눈에 띄게 만든다.

불릿의 황금률: 누구도 단어, 숫자의 덩어리를 쳐다보고 싶지 않다.
만약 3개 이상의 서로 다른 데이터 또는 연관된 생각을 설명하고 싶
다면 불릿으로 나눠라. 사람들은 잘 나뉜 불릿들을 훑어볼 것이다.

(3) **용기 내어, 굵게 강조하라.**

이제 대부분의 사람들이 글을 대충 훑어본다는 사실을 이해
했을 것이다. 만약 어떤 경구나 특정 단어, 숫자가 눈에 띄기
를 원한다면 볼드체로 강조하자. 볼드체는 이탤릭체보다 더
진하고 찾기 쉽다. 그리고 일반적인 글과는 확실히 구분된다.

볼드체는 **"여기에 집중하세요!"** 라고 외친다.

④ **뒤섞어라.**

긴 문단은 언제나 피해야 한다. 두 문장, 최대 세 문장을 넘지 않게 하자. 긴 문단이 연속해서 나오는 것을 피하려 노력하자. 흐름을 끊어내기 위해 볼드, 불릿, 차트, 경구를 사용하자. 긴 장광설은 괴롭다(다섯 번 빠르게 외치자😀).◆

⑤ **멈춰라. 커뮤니케이션의 가장 큰 문제이자 시간 낭비는, 바로 너무 많이 말하거나 쓰는 것이다.**

말하기 원칙에 있어서는 절제하는 수도사가 되고, 적은 것을 통해 더 많은 것을 말하는 내면의 기쁨을 느끼는 데에는 선승禪僧처럼 되자. 자연스럽지도, 쉽지도 않지만 연습을 통해서 배울 수 있다.

우리가 절약한 시간, 보다 의미있는 곳에 사용될 당신과 다른 사람들의 시간을 생각해 보자. 그것이 우리가 나아갈 길이다.

종종 가장 유용한 커뮤니케이션은 침묵이다.

◆ '긴 장광설은 괴롭다'의 영어 문장인 'Big blobs of bloviation bite'가 모두 알파벳 B로 시작해 발음이 어려운 데에서 착안한 저자의 농담.

빛나는 다이먼

JP 모건 체이스JP Morgan Chase의 의장이자 CEO인 제이미 다이먼Jamie Dimon은 회사, 은행업, 폭넓은 문화 및 정책 트렌드에 대한 중요한 견해를 담은 주주 서한을 매해 작성한다. 2021년 서한은 이 책보다 더 긴 3만 2,000단어로 쓰였다.

왜
중요한가

기업 및 정부 리더들과 금융 애널리스트들은 이 서한을 학수 고대한다. 서한은 매우 훌륭한 내용이고 중요한 몇 개의 섹션으로 나뉠 수 있지만, 짧지 않았다. 아무리 그게 제이미 다이먼이 좋아하는 방식이라고 해도 말이다.

다이먼의 직원이 스마트 브레비티 뉴스레터에 서한의 주요 메시지들을 담아 더 많은 독자들에게 공유해 줄 수 있겠느냐고 악시오스에 제안해 왔다. 이게 대박이 났고, 서한보다 3만 420단어가 짧았다(걱정 마시라, 뉴스레터에는 원본으로 연결되는 링크가 있었다).

재미있는
사실

제이미는 우리가 악시오스를 시작하겠다는 계획을 처음으로 이야기했던 사람들 중 한 명이었다.

제이미와 그의 직원들은 가능한 한 많은 사람들이 그의 요점을 읽고 기억하기를 원했다. 이를 위해서는 핵심을 추출하는 과정과 중요도에 따른 위계가 필요했다.

다음에 소개할 스마트 브레비티 형식의 원고는 악시오스HQ를 사용해 만들었다.

새 메시지   _ ✗ ✕

받는 사람   참조 숨은참조

제목   **제이미의 미래 비전**

2020년은 특별한 해였습니다. 팬데믹, 세계 불황, 격동의 선거, 그리고 깊은 사회적·인종적 불평등은 무너져 가는 사회 구조를 직시하고 우리에게 문제가 무엇인지 성찰하도록 했습니다.

"갈등이 첨예한 지점은 불평등입니다. 그리고 그 원인은 우리가 차이, 사리사욕을 넘어 더 큰 선을 위해 행동하지 못한 실패를 고스란히 드러냅니다"라고 제이미는 말합니다.

- "기업과 정부가 협력하면 소득 불평등, 경제적 기회, 모두를 위한 교육과 의료, 인프라, 저렴한 주택 가격, 재난 대비와 같은 중대한 과제를 극복할 수 있습니다."

해결책은 지역, 세계 단위의 강한 리더십에서부터 시작합니다.

- 스마트 금융 시스템은 가족이 의지할 수 있는, 장기적인 부를 축적하는 첫걸음이 될 수 있습니다. 스마트 금융을 확장해야 합니다.

- 도시의 시장, 교육자, 지역사회 리더들은 시민의 권력을 북돋고 삶을 발전시키는 정책을 만듭니다. 우리는 이들과 함께 일해야 합니다.

- 로컬 기업은 지역사회의 건강한 경제를 유지하는 데 필요한 기회를 만들어 냅니다. 우리는 이들에게 힘을 실어 줘야 합니다.

- 건강한 성장을 위해 리더들은 다년간의 포괄적인 마셜 플랜을 우선적으로 준비해야 합니다. 우리가 이를 지지해야 합니다.

"성장의 보상에 모두가 참여하고―그리고 공유하는―공정한 기회를 가질 때, 경제는 더 튼튼해지고 사회는 더 나은 곳이 될 것입니다"라고 제이미는 말합니다. 이제, 평등이 이길 수 있는 방법을 알아봅시다.

Send

            어떻게 할 것인가

정확한
단어

스마트 브레비티
지수

1,067단어
4분

마크 트웨인의 유명한 말에 따르면,
**"*거의 정확한* 단어와 *정확한* 단어의 차이는
반딧불이와 번갯불의 차이와 같다"**.

왜
중요한가

부드러운 단어와 강력한 단어, 짧은 문장과 긴 문장, 효과적인 커뮤니케이션과 형편없는 커뮤니케이션 모두 마찬가지다. 우리는 벌레처럼 감질나는 게 아니라 번개처럼 내리치고 싶다.

우리가 기자 출신인 탓에 책의 상당 부분을 언론에 대해 썼지만, 비즈니스 글쓰기 역시 그 못지않게 형편없다. "가격"을 뜻한다면, "가격대"라고 하지 마라. "기술skill"을 뜻한다면 "핵심 역량core competency"이라고 하지 마라. 스마트하고 팽팽한 글쓰기는 뒤틀림 없이 주어, 동사, 목적어로 이루어진 직선과도 같다.

언젠가 나이 든 사회부 부장이 바나나를 절대로 "길쭉한 노란 과일elongated yellow fruit"이라고 부르지 말라고 지적했다. 하지만 우리는 글을 쓸 때, 언제나 그렇게 하고 있다.

친한 사람에게 "서부와 남부에 기록적인 폭염이 이어지고 지역 최대 기온이 연일 갱신됨에 따라, 나는 근처 에어컨을 사용할 것입니다"라고 말할 사람은 없을 거다. 절대로. 그냥 "더워! 안에 들어가겠어!"라고 말할 거다.

- 꼭 이런 식이어야 할 필요는 없다. 트윗에서 책에 이르기까지 어디에나 적용할 수 있는 간단한 요령이 있다.

- 여러분의 글은 동료들이 집어던지는 단어 범벅에 비해 눈에 띌 것이다.

버지니아주 폴스 처치의 루터 잭슨 중학교 선생님인 마크 스미스Mark Smith는 학부형들이 그의 이메일을 읽지 않는다는 사실을 깨달았다.

학부형들은 대충 훑어보다 요점을 놓치고서, 뒤늦게 알지 못했다고 호소하며 그를 괴롭혔다.

"그들은 절반 정도의 정보에만 반응했어요." 그는 떠올렸다. "악몽이었죠."

스미스는 마이크의 뉴스레터를 읽는다. 그는 한번 스마트 브레비티를 적용해 보기로 했다.

그는 심지어 우리가 악시오스 뉴스레터에서 하는 것처럼 단어의 수와 읽는 데 걸리는 시간을 맨 위에 작성해 두었다.

결과는 성공적이었다. 스미스는 대부분의 학부형들이 볼드체만 읽는다는 것을 알고 있다(이건 어린아이처럼 게으름 피우고 싶기 때문이 아니다). 그래서 그는 요점을 볼드로 강조했다. "결국 이해하시더라고요."

스미스는 13~14살 아이들이 나이 든 사람들보다 앞선 한 분야로 스마트 브레비티를 꼽는다. 신경학이나 심리학 때문은 아니다.

그들의 선생님에 따르면, "아이들은 단지 가능한 한 적게 쓰고 싶을 뿐"이다.

1

언제나 짧은 게 낫다.

쉽고 간단한 원칙이 있다. 3음절의 단어보다 2음절 단어가, 2음절 단어보다 1음절 단어가 더 강력하다는 것이다. 악시오스는 제목에 1음절의 단어를 사용한다.

2

강력한 단어를 사용하라.

강력한 단어는 생생하고 정확하며—이게 중요한데—우리가 볼 수 있는 구체적인 현실이다. 약한 단어는 추상적이다. 그것은 보고, 만지고, 맛보고, 사진 찍을 수 없다("과정"이나 "시민"처럼).

3

약한 단어를 피하라.

또 다른 원칙은 여러분이 술집이나 해변가에서 할 만한 말이 아니라면 지워 버리라는 거다. 다음의 활기 없고 괴짜 같은 단어는 다양한 형태로 나타나곤 한다.

고상한 단어들: 마이크의 할머니는 이걸 "10달러 단어10-dollar words"라고 불렀다. 똑똑한 것처럼 보이지만 사실은 바보처럼 들린다는 점에서 "철자법 대회 단어spelling-bee words"라고 부를 수도 있다. 파란색으로 강조한 쉬운 단어들이 더 낫다.

어떻게 할 것인가

어떤 사람도 말하지 않을 단어들: 이 단어들은 오직 기사, 학계, 싱크 탱크, 연구 보고서에만 남아 있다. 우리가 신문사에서 일했을 때 똑똑한 편집자들은 감사하게도 이런 "신문체"를 죽어 가는 언어라고 불렀다.

우리는 악시오스 HQ 소프트웨어가 약한 단어를 발견하고 대체하도록 학습시켰다. 이는 누구라도 스마트 브레비티를 배우고 실천할 수

있다는 것을 의미한다.

④ 모호한 단어는 피하라.

"~할 수도 있다" "아마" "그럴지도 모른다"와 같은 표현들은 일어나고 있는 일에 대해서 아무것도 설명해 주지 않는다. "거의 모든 것이 일어날 수 있다." 이 문장은 애초에 글쓰기의 목적이 었던 정보 제공, 설득, 또는 확신이나 즐거움을 주는 등의 그 무엇도 하지 못한다.

무슨 일이 일어나고 있는지에 대해 이야기하라. 그것은 "계획"되었거 나 또는 "고려"되거나, "논의"되었는가? 그것은 사람들을 "두렵게" 했 는가? "희망차게" 했나? 또는 "기대되었나"?

이러한 내용들은 여러분에게 유용한 사실을 말해 준다. 사람들의 시 간을 모호하고 애매한, 아무것도 아닌 것으로 낭비하지 마라.

⑤ 능동태 동사를 사용하라.

능동태 동사는 여러분의 글에 행위를 부여한다. 누군가가 무 엇을 하는 것이다. "로이는 미아타 자동차를 몬다."

수동태는 더 모호하다. 누군가가 관찰하고 있는 모습이다. "로이는 미 아타 자동차를 모는 것으로 알려져 있다."

능동태는 이렇다. "탈레반이 아프가니스탄을 포위했다." 수동태는 이 렇다. "안보 관점에서 보았을 때에 아프가니스탄 사태는 계속해서 악 화되고 있다."

초등학교에서 우리는 "누가 무엇을 한다"라고 배운다. 이 간단한 공 식이야말로 언제나 매력적인 구조를 만든다.

어떻게 할 것인가

이야기에 대해서 말하는 게 아니라 이야기를 하자.

(6) **강력한 구문을 사용하라.**

짧음, 명쾌함, 강력함 = 기억에 남음, 선명함, 스마트함.

"예수께서 우시더라Jesus wept."◆ 이것이야말로 성경을 통틀어 가장 짧고 강력한 두 단어다. 요한복음의 이 한 구절은 지상의 예수가 가졌던 인간성, 겸손, 감정을 모두 담아냈다.

- 일본이 항복하다.

- 매출이 급감했다.

- 수익이 급증했다.

- 나는 퇴사한다.

- 컵스Chicago Cubs가 졌다.

(7) **스스로 확인하라.**

시작 문장을 쓴 후, 1음절이라도 덜 이야기할 수 있는지 모든 단어들을 살펴보자. 매번 더 강력한 단어로 나아갈 수 있을 것이다.

- "복수revenge"라는 단어를 쓸 수 있으면서 "앙갚음retribution"이라고 하지 마라.

◆ "예수께서 눈물을 흘리시더라"《성경전서 개역개정판》요한복음 11:35.

세 문장보다 두 문장이 낫고, 두 문장보다 한 문장이 낫다. 단어만큼 문장도 무자비하게 대해라. 단락에 대해서는 더더욱 무자비해져라.

단어를 선명하게 만들어라.

어떻게 할 것인가

마이크가 온종일 사건사고를 취재하던 때 〈댈러스 모닝 뉴스Dallas Morning News〉의 유명한 글쓰기 코치인 고故 폴라 라로크Paula LaRocque의 워크샵에 참가했다. 큰 반지를 끼고 호탕하게 웃는 시원한 성격의 폴라는 텍사스 사람 그 자체였다. 마이크는 폴라가 물고기에 관한 구절을 큰 소리로 읽은 것을 기억한다.

그건 매우 생생했고 구체적이었다. 물고기를 눈앞에 그릴 수 있었다. 폴라는 워크샵 참가자들에게 글이 어떤 특징을 가지고 있었느냐고 물었다.

아무도 알아채지 못했다. 모든 단어가 1음절 길이였다. 그 글의 힘은 단순함에 있었다.

이모티콘

(스마트 브레비티
지수)

485단어
56이모티콘
2분

간결함이 경지에 이르면
말하지 않고 이야기할 수 있다. 🧑‍💼🧑‍💼
이모티콘 이야기다.

**왜
중요한가**

이모티콘은 한때 아이들이 쓰거나 장난스러운 말을 할 때 사용되는, 진지하지 못한 언어로 여겨졌다. 하지만 의외로 감정과 의도, 심지어 뉘앙스도 전달할 수 있다. 📖

⚠️ 너무 남용하면 스키니 진을 입은 노인처럼 보일 수 있으니 주의할 것. 하지만 적절하게, 효율적으로 사용하면 결과는 🔥.

배경

마이크는 여러 해 동안 이모티콘에 손도 대지 않았다. 짐이 자신을 놀릴 거라는 타당한 가정 때문이었다. 하지만 악시오스 뉴스레터를 처음 출시했던 2017년, 우리는 효과적으로 글을 보여 줄 방법을 찾았다. 💡 + 😊

우리는 독자와 주제를 진지하게 생각하고 있다는 사실을 보여 주고 싶었다. 하지만 너무 심각하게 표현하고 싶지는 않았다.

뉴스레터를 발송하던 첫날 우리가 채택한 방법은 GIF를 활용하는 것이었다. GIF 상당수는 공개돼 있기에 추천을 많이 받는 GIPHY 라이브러리에서 가져왔다.

이런 경험을 통해 이모티콘이 만약 적절한 순간에 지혜롭게 사용

된다면, 업무와 일상 모두에서 강력한 의사소통 도구가 될 수 있다는 사실을 깨달았다. 물론 남발하지 않고 사용한다는 전제하에서 말이다.

이모티콘을 너무 많이 사용하면 실없어 보인다. 하지만 적절한 때에 사용하면 어조나 글의 주제를 즉각 전달하는 데 도움이 되고, 글 쓰는 사람과 독자의 시간을 절약해 준다.

여기에 무슨 특별한 과학이 있는 것은 아니다. 하지만 속보 앞에 📊을 넣으면 오픈율을 올릴 수 있다. 이것은 디지털 기술로 만든 작품이다.

- 뉴스레터를 발송할 때, 마이크는 "📊 오늘의 데이터"를 헤드라인으로 사용했다. 그럼 누구나 주제를 바로 알 수 있다.

- 🛍️는 아마존 상품을 나타낼 때, 🛒는 월마트를 나타낼 때 쓰라. 이야기 주제가 무엇인지 곧바로 알 수 있다. 📙, 📚 그리고 📰를 써도 마찬가지다.

- ✈️는 곧바로 여행을 상기시킨다. 🔥는 주의를 끈다. 🔧, 💥, 📊 그리고 ⚡는 최신 정보를 놓치지 않게 해 준다.

비즈니스 커뮤니케이션에서 유용한 이모티콘.

- 데이터 또는 투표 📊
- 선거 🗳️

- 순조로워 📈

- 뜨악! 📉

- 완벽해 💯

- 이런 💀

- 마감 시간 ⏰

- 식당 후기 🍽

- 전자기기 📱📲

- 스포츠 ⚽️⚾️🏀🏈🎾🏏

- 음식 🥞🍕🍦🍔

이모티콘은 일상 대화에서도 유용하다.

이건 따로 설명할 필요조차 없다. 🎂

뉴스레터에서 〈악시오스 HBO〉를 나타낼 때엔 📽를 쓴다.

헐리우드를 언급할 때엔 🎬나 🎥를 쓴다.

🎧는 무조건 팟캐스트 또는 음악이다.

사람들은 옛것도 좋아한다. 📺🎙📽

이모티콘과 친해져야 할 이유가 하나 더 있다. 제목에 쓰인 이모티콘은 메일함에서 즉시 눈에 띈다. 시도해 보면 바로 효과를 알 수 있을 것이다.

〈모닝 브루Morning Brew〉라는 비즈니스 이메일 뉴스레터는 ☕ 이모티콘을 제목과 트위터에서 아주 성공적으로 활용해 자신들만의 브랜딩을 구축했다. 그들은 제목마다 해당 이모티콘을 사용했고, 사람들이 메일함을 살펴볼 때 눈에 확 들어오는 효과를 냈다. 기억하라. 우리는 사람들의 이목을 끌기 위해 전쟁 중이며, 승리하기 위해서는 수단과 방법을 가리지 말아야 한다.

마이크는 자신의 아침 뉴스레터 제목에 "🎯악시오스 AM"이라고 써서 사람들이 친숙함을 느끼고 습관처럼 열어볼 수 있게 했다.

해피 아워Happy hour에 발송하는 뉴스레터인 〈악시오스 PM〉에는 🍹을 제목에 썼다. 기분 좋은 긴장감을 주도록 말이다.

당연히, 이런 이모티콘은 해석이 필요 없다. 🐨🤐🤸

한 줄
요약

🏃을 위해 이모티콘을 활용하자. 결과는 🏅일 것이다.

Smart Brevity in Action

Part 3

스마트
브레비티
실전

마이크의
플레이북

스마트 브레비티
지수

1,091단어
4분

마이크는 매일 아침 뉴스레터를 썼다. 말 그대로 15년간 매일 말이다. 그동안 쓴 뉴스레터 수는 2,500편이 넘는다. 이 기간 중 쉬었던 날이라고는 메인주에 있는 산을 오르느라 쉰 7일뿐이었다.

왜 중요한가

제정신인 사람이라면 시작하지도 않았을 일이다. 하지만 마이크는 스마트 브레비티의 살아 있는 전설이라고 할 만한 사람이다. 그가 갈고닦은 기술과 깨달은 점들을 이용하면 멋들어진 뉴스레터를 완성할 수 있다.

배경

짐과 마이크는 〈워싱턴 포스트〉 출신 동료 기자 존 해리스John Harris와 함께 2007년 폴리티코를 시작했다. 존과 짐이 상사였고 마이크는 쉴 틈 없이 분주히 발품을 파는 기자였다. 그는 굵직한 특종을 터뜨리며 워싱턴 정계에서 별로 알려져 있지 않던 폴리티코의 인지도를 높였다.

매일 새벽, 마이크는 존과 짐에게 "오늘은 어떻게 세상을 흔들까요?"라는 제목의 이메일을 보냈다. 여기에는 그날 취재할 이야기의 개요가 있었다.

마이크의 이메일은 항상 일정한 형식을 따랐다. 언제나 새로운 소식이나 통찰을 아낌없이 보여 주며 시작했다. 이것은 저널리즘의 성배라고 할 수 있는 "내가 모르는 걸 말해 달라"에 충실한 전략이었다.

그런 다음 대형 언론사들이 낸 주요 기사에서 가장 중요한 핵심을 정리했다. 마이크는 취재원이나 그가 간밤에 정당에서 취재한 이야기를 들려줬고, 이어 오늘 무엇을 할 것인지 보고했다. 마무리는 대개 재밌거나 웃긴 이야기였다.

당시 우리는 이게 '물건'이 될 거란 사실을 몰랐다. 그건 마이크가 자기 상사에게 보낸 재치 있고 유쾌한 보고일 뿐이었다. 어느 날 존은 하워드 울프슨Howard Wolfson과 내담할 기회를 갖게 됐다. 당시 울프슨은 2008년 민주당 대통령 후보 자리를 놓고 버락 오바마와 경쟁 중이던 힐러리 클린턴의 수석 보좌관이었다.

그들은 폴리티코가 무슨 일을 하는지 물었고 존은 이렇게 답했다. "마이크가 매일 아침 제게 이런 훌륭한 메일을 보내고 있죠. 뭐가 어떻게 돌아가는지 다 알려 준다니까요." 울프슨이 답했다. "저도 받아 볼 수 있어요?" 존은 당연히 된다고 답했다.

머지않아 거대한 산업 하나를 출범시키고 두 미디어 스타트업을 탄생시킨 마이크의 일간 뉴스레터는, 그렇게 세 번째 구독자를 갖게 됐다. 뉴스레터는 민주당과 공화당 내부에서 들불처럼 퍼져 나갔다. 우리는 뉴스레터에 〈폴리티코 플레이북Politico Playbook〉이라는 이름을 붙였다.

2010년, 〈뉴욕 타임스 매거진〉은 "백악관을 깨우는 사람The Man the White House Wakes Up To"이라는 제목으

　　　　　　　　　　스마트 브레비티 실전

로 마이크에 대한 커버 스토리를 썼다.

"다른 건 필요 없고, 마이크 앨런을 읽으면 돼요." 전설적인 〈워싱턴 포스트〉 기자 밥 우드워드Bob Woodward는 〈모닝 조Morning Joe〉◆ 에 나와 이렇게 찬사를 보냈다.

오바마 대통령의 백악관 대변인 댄 파이퍼Dan Pfeiffer는 영국의 대표 매체 〈타임스〉를 통해 마이크가 미국 정가에서 "가장 영향력 있고 가장 중요한" 저널리스트라고 소개했다.

이 모든 일이 뉴스레터 덕분에 가능했다.

뒷이야기

뉴스레터의 잠재력을 발견하기 전, 마이크는 열정적이고 재치 있는 기자였다. 하지만 밥 우드워드나 도리스 컨스 굿윈Doris Kearns Goodwin이 될 수는 없었다. 우아한 산문을 공들여 쓰거나 폭로를 이끌어 내는 것은 그의 전공이 아니었다. 그는 키보드 앞에 앉아 있을 때보다 직접 대면했을 때 훨씬 뛰어난 능력을 발휘하는 사람이었다.

이건 대부분의 사람들에게도 똑같이 적용되는 말이다. 골방의 시인이 아닌 이상, 사람들은 글을 쓸 때보다 말을 할 때 좀 더 분명하고 생동감 있게 전달한다. 스마트 브레비티는 자연스러운 대화를 할 수 있게 도와준다. 마이크에게 이 방식은 대단히 큰 효과를 냈다.

◆　MSNBC가 주중 6시부터 방송하는 아침 뉴스 프로그램.

마이크가 9년 이상 써 온 〈폴리티코 플레이북〉은 수다와 재치가 가득했고 샘이 날 정도로 좋은 구독자를 확보했다. 백악관은 그 가치를 제대로 알아봤다.

하지만 지금 돌아보면 엉망으로 보인다. 독자에게 합리적인 수준보다 훨씬 많은 것을 요구하고 있다. 수천 단어에 이르는 긴 글이었고, 구성은 느슨해서 뭐가 정말 중요하고 왜 중요한지 잘 이해가 가지 않았다. 친구에게 보내는 편지는 맞는데, 시간이 많은 친구라면 다행인 그런 편지였다.

우리가 악시오스를 준비하기 시작했을 때, 짐은 글쓰기 규율을 만들자고 했다. 주제에 10개의 번호를 붙여서, 하루를 시작할 때 무엇이 중요한지 알 수 있게 했다. 〈폴리티코 플레이북〉을 단지 이름만 바꿔서 다시 하지 않겠다고 한 것은 신의 한 수였다. 새로운 형식을 개발해야 했고, 마이크의 글에는 제약이 필요했다.

마이크는 처음엔 저항했다. 독자들이 긴 글을 좋아한다는 주장을 고집했다.

하지만 이후 악시오스가 구축한 우아한 인터페이스를 사용해서 시제품을 만들기 시작했다. 각각의 주제마다 아이폰 크기로 만든 별도의 카드 형태였다. 결과적으로 마이크는 긴 글에 대한 강박에서 해방되었고, 독자들은 즐거운 경험을 얻었다. 그의 글은 반으로 줄었다.

마이크의 팁과 요령

(1) **우리는 셰프다.**

스마트 브레비티의 '스마트'는 선택에서 온다. 독자들을 위해 선택지를 좁힘으로써, 그들이 더 많은 정보를 갈망하게 만들 수 있다.

글쓰기는 음식이 잔뜩 쌓여 있는 뷔페와 비슷하다. 무엇을 고르든 자유다.

하지만 중요한 게 뭔지 독자가 고민하게 해선 안 된다! 우리는 콘텐츠에 정통하고 생각을 갈고닦았으며, 뭐가 중요한지 이미 알고 있다. 그러니 요리를 멈춰라. 곧바로 말하라.

(2) **간결은 자신감이다.**

우리에게 어려운 일이듯, 마이크에게도 어려운 일이었다. 마이크는 할 말이 많았고 그걸 다 기사에 넣고 싶어 했다. 하지만 일단 그가 초점을 자신이 아니라 독자에게 맞추자, 모든 게 달라졌다. 마이크가 쓰는 기사의 분량은 급격히 줄어들었다.

어느 부활절 주말, 마이크는 인터넷이 느리고 뉴스랄 게 별로 없는 한적한 곳으로 가족 여행을 떠났다. 그는 이렇게 말했다. "부활절이에요. 뉴스레터가 길지 않다고 뭐라고 하는 사람은 없을 거예요." 그래서 그는 '마이크의 10대 뉴스Mike's Top 10' 대신 '마이크의 빅뉴스6Mike's Big 6'을 보냈다.

그가 월요일에 다시 기존의 형식으로 뉴스레터를 발송했을 때, 이런 이메일을 받았다. "마이크의 빅뉴스 6을 어디에서 구독할 수 있죠?" 짧은 게 효과가 있었던 거다.

③ 사심을 버리는 게 자신을 위한 길이다.

여러분이 독자를 위해 봉사한다는 태도를 견지한다면 사람들의 주목과 보상, 신뢰, 환영을 받을 것이다. 그들은 기꺼이 귀를 열고 눈을 반짝일 것이다.

여러분이 실제로 무엇을 읽는지 생각해 보자. 느낌이 오는가? 무엇하러 독자들에게 그 이상을 억지로 알려 주려 하는가?

만약 여러분이 깐깐하고 주의 깊게 글을 쓴다는 사실을 사람들이 안다면, 여러분이 "주목해 주세요"라고 알리는 대상에 주목할 것이다.

④ 게임화하라.

글을 다이어트시키는 것은 꽤 재미있는 일이다. 마이크는 다른 사람의 뉴스레터를 편집할 때 일종의 게임을 했다. 글을 짧게 쳐냈는데, 때로는 수백 단어가 잘려 나갔다. 그런 뒤 담당 기자에게 빠진 게 있는지 찾아보라고 했다. 대부분의 경우, 그걸 찾은 사람은 없었다.

글을 다이어트시키는 과정은 쉽지 않다. 훈련이 필요하다. 하지만 결과적으로 더 건강하고 보기 좋은 글이 된다.

우리 악시오스 HQ 소프트웨어는 여기에서 한 차원 더 발전하여 '스마트 브레비티 지수'를 내놓았다. 글을 쓸 때마다 진척 상황을 측정해 보여 준다.

뉴스레터의
기술

스마트 브레비티
지수

1,342단어
5분

중요한 정보를 전달하고 사람들의 주목을 끄는 가장 좋은 방법은 스마트 브레비티 철학을 담은 세련되고 날렵한 뉴스레터다.

왜
중요한가

뉴스레터는 회사들과 언론사에서 아주 빠르게 인기를 얻고 있다. 복잡한 업무나 주제에 질서와 효율성을 부여하기 때문이다.

- 〈뉴욕 타임스〉에서 제공하는 뉴스레터 서비스만 50개가 넘는다.

- 직접 만든 뉴스레터를 시작함으로써 북클럽과 6학년 교실, 자원봉사자 모임, 직장에서 인기를 얻을 수 있다. 제대로만 하면 말이다.

행간의
이야기

사람들은 메모를 싫어하고 보고서를 무시하며 이메일을 놓친다. 모두가 그렇다. 스마트 브레비티 철학을 담은 뉴스레터는 소규모 그룹이나 친구들 사이에서도 쉽게 받아들여지고, 심지어 즐거움이 될 수도 있다. 작은 사탕에 묻은 설탕처럼 GIF 이미지나 만화, 개인적인 소식, 사진을 덧붙이는 것은 주목받고 차별화할 수 있는 좋은 방법이다.

소통하고자 하는 사람이라면, 자신만 소외될까 불안해할 수 있다. 주간 뉴스레터 끝에 적힌 동료의 결혼 소식을 혼자 모르는 사태를 겪고 싶은 사람은 없다.

단어의 문제

텍사스 오스틴시 정부의 홍보실장 엘리자베스 루이스Elizabeth Lewis는 정보가 짧게 빨리 퍼지는 세상을 꿈꾼다. 하지만 그의 상사인 스티브 애들러Steve Adler 시장은 긴 글을 선호했다.

"애들러 시장은 긴 글을 좋아해요. 하지만 우리가 사는 세상은 그렇지 않죠. 저는 스마트 브레비티를 적용해서 정보를 소비하는 사람들을 돕고자 했어요."

애들러 시장은 루이스의 성화에 못 이겨서 시민들과 소통할 때 악시오스 HQ와 스마트 브레비티를 활용하기 시작했다. 이 시도는 크게 성공했고, 루이스는 시의회에서 논의한 내용을 언론사에 보내기 위해 요약할 때도 이 시스템을 썼다.

"기자들은 가능한 한 짧게 던지는 걸 선호하죠. 그게 기자들이 정보를 소비하는 방식이에요. 더불어 제가 정보를 소비하는 방식이기도 해요. 이런 걸 알고 싶은 거죠. 이거 읽는 데 3분이면 충분할지 말이에요."

루이스는 내용만 가득하고 예리함은 찾아볼 수 없는 이메일을 많이 받았다. 그는 이것을 초등학교에서 겪게 되는 언어 장벽과 비교했다.

필자이자 독자로서, 루이스는 말한다. "이런 것들을 줄이도록 도와줘서 고마워요, 스마트 브레비티."

루이스는 커뮤니케이션에서 이루고 싶은 꿈이 있다. "불릿으로만 내용을 전하는 세상이죠." 웃긴 이야기 같지만, 그건 우리의 꿈이기도 하다.

① 뉴스레터 이름은 한 단어 또는 두 단어로 만들라.

힘이 있으면서 명료하고, 목적과 정신을 모두 담아야 한다.

② 시간을 낭비하지 마라.

독자가 얼마만큼의 시간을 써야 하는지 확실히 알려 줘라. 우리는 '스마트 브레비티 지수'를 사용하지만, 그저 단어가 몇 개인지, 길이가 얼마나 되는지 말해 주는 것도 방법이다.

보통 사람들은 1분에 265단어를 읽는다. 이 책에서 읽는 시간을 계산할 때 해당 수치를 활용했다. 누구나 자신의 기준으로 계산할 수 있다.

③ 중요한 것을 강조하라.

첫 번째 제목을 '놓쳐선 안 될 뉴스'와 같이 쓰라. 주제의 중요성이 부각될 것이다. 간결하고 힘 있는 문장으로 뒤를 이어가라.

예) 놓쳐선 안 될 뉴스: 회사를 팝니다.

④ 복잡하게 하지 마라.

많은 사람들이 범하는 첫 번째 큰 실수는 글자체와 크기, 레이아웃에 신경 쓰지 않는 것이다. 이들 요소는 눈을 가볍게 해 준다. 낙서하듯 화면을 어지럽히지 말라.

⑤ 이런 부분을 모두 염두에 뒀다면, 이제 스마트 브레비티 원칙에 입각해 좀 더 많은 아이템을 써 보라. 가장 중요한 것부터.

스마트 브레비티에서 '스마트'는 선택이며, 독자들이 중요한 내용에 집중하도록 한다. 모든 요소는 필수적이어야 한다.

⑥ 아이템에 번호를 매기고 대략적인 길이를 알려라.

무슨 일이 어떻게 진행되고 얼마나 걸리는지 알려 주면 독자들의 마음을 편안하게 할 수 있다.

얼마나 많은 항목이 뒤에 올 것인지 맨 위에서 알려라. 5~10개 항목이 이상적이다. 그보다 길면 책이지 뉴스레터가 아니다. 줄여라.

1,200단어보다 긴 글은 그게 뭐가 됐든 너무 길다. 1,000단어 이하가 적당하다. 줄여라.

⑦ 독자를 사로잡아라. 흥미를 갖게 하라.

멋진 사진이나 그림을 골라라. 다만, 주제와 관련되어야 한다.

기업 매각에 관한 글에 풍경 사진을 넣는 짓은 하지 마라.

⑧ 간결의 원칙을 잊어선 안 된다.

각 항목을 최대 200단어 이내로 정리하라. 이것은 독자의 시간을 존중한다는 뜻이다.

우리의 연구 결과에 따르면, 200단어가 넘어가면 독자는 급격히 이탈한다. 정 필요하다면 보고서나 기사, 웹 사이트로 연결되는 링크를 제공해 독자들이 "깊이 알아보기"를 선택하게 만들면 된다.

⑨ 유머가 필요하다.

마무리는 재미있거나 개인적인 것으로 맺어라.

우리는 제목에 "웃긴 거 하나"나 "웃을 거 하나 더"라고 쓴다.

⑩ 글의 요점을 돋보이게 할 간단한 그래프나 사진은 화룡점정이다.

Axios AM

이메일 주소를 입력하세요.   **구독 →**

2022년 4월 6일

Λ Mike Allen

즐거운 수요일입니다! 오늘의 스마트 브레비티 지수: 1182글자. 소요 시간 4분 30초. 편집 자리 바수Zachary Basu.

📹 오늘 새로 발표된, 서방의 새로운 러시아 제재 관련 동영상 보기.

♪ *두 명의 거장들*: 미국 동부시간 **오전 8시 30분**, 상원의 공화당 대표 미치 맥코넬Mitch McConnell이 출연해 조나단 스완과 인터뷰합니다. 직접 방청(워싱턴 D.C.)을 원하시거나 온라인으로 보시려면 이곳에서 등록하세요.

놓쳐선 안 될 한 가지: 힘세진 노동자

Illustration: Lazaro Gamio/Axios

아마존의 노동자들이 지난주 뉴욕시에서 거둔 역사적 승리로 미국 내 노동조합이 수십 년간의 침체에서 벗어나 성장세로 빠르게 돌아설 수 있을 것으로 전망됩니다. 악시오스 마켓의 공저자 에밀리 펙이 분석했다.

- **왜 중요한가**: 구인난 속 노동시장이 그간 불가능해 보였던 방식으로 노동자의 입지를 강화하면서 노동운동에 활력을 불어넣고 있다.

친노동적인 백악관을 포함해, 100년 만의 팬데믹과 심각한 구인난까지, 다양한 요인이 한꺼번에 겹치면서, 스태튼 섬의 아마존 노동자들은 기존 노동계의 지원 없이도 다윗과 골리앗의 싸움에 비견될 노동조합 승리를 이끌어냈다.

- "이번 소식은 조합원과 간부들 모두를 깜짝 놀라게 했습니다." 조합원 수 200만 명의 서비스 고용자 국제연맹SEIU의 매리 케이 헨리 Mary Kay Henry 회장은 이렇게 말했다.
- 스태튼 섬의 노동조합의 간부들은 50곳의 미국 내 다른 아마존에서도 연락을 받았다고 말했다.

행간 읽기: 아마존 노동조합의 이번 승리는 아마존 지부를 설립하고자 했지만 실패한 전통적인 노동조합에 대한 질책의 의미를 지닌다.

앞으로 일어날 일: 다른 대기업들은 이번 사태가 자신들에게 미칠 영향이 무엇일지 예민하게 주시하고 있다.

- 스타벅스 최고경영자 하워드 슐츠Howard Schultz는 직원들이 모인 타운홀 미팅에서 기업이 "노동조합 설립의 위협에 의해 여러 모로 고전하고 있다"고 말했다.

아마존은 스태튼 섬 표결 결과에 대한 성명에서 이런 입장을 밝혔다: "직원들이 회사와 직접 소통하는 게 직원들에게도 최선이라고 믿고 있다. 이의 제기를 포함해 다양한 선택지를 고려하고 있다."

- 이 이야기 공유하기

4. 📷 1,000단어

사진: Chip Somodevilla/Getty Images

해리스 부통령과 바이든 대통령, 그리고 오바마 전 대통령이 어제 백악관 이스트룸에서 개최된 건강보험개혁안Affordable Care Act 통과 12주년 기념 행사장에 도착했다.

• 오바마가 이곳에 다시 온 것은 5년여 만에 처음이다.

"제가 나온 뒤 뭔가 바뀌었다는 이야길(웃음) 현 대통령에게 듣긴 했습니다"라고 오바마는 분위기를 띄우며 말했다.

• "비밀 정보 기관 요원들은 이제 조종사용 안경을 써야 하는군요. (웃음) 회식은 배스킨 라빈스 아이스크림으로 바뀌었고요."

○ 오바마는 덧붙였다. "요즘 거의 하지 않는 넥타이가 있는데 저도 그걸 매야겠어요."

• 오바마의 발언 읽기

5. 🏛 배이 에어리어의 청신호

미국에서 가장 역동적인 25개 대도시

#3 샌프란시스코

#1 산호세
샌프란시스코

#2 더 빌리지,
플로리다

데이터: 하트랜드 포워드, 2021. 지도: 바이디 왕Baidi Wang/악시오스

재택근무 시대에 사람들이 배이 에어리어를 떠난다고 알려져 왔다. 하지만 새로운 보고서에 따르면, 여전히 많은 대기업과 노동자들은 베이 에어리어를 떠나지 않고 머무르고 있다. 그 이유를 다뤘다.

경제적 역동성이 가장 뛰어난 대도시권에는 신생 산업과 전통 산업을 아우르는 다양한 산업이 있고 흥미로운 즐길거리가 풍부하다. 악시오스 아칸소 북동지부의 워스 스파크스먼이 하트랜드 포워드의 보고서를 분석했다.

• 지표의 근거는 "최근의 고용자 수 증가세, 임금 증가세, 그리고 국내총생산GDP 증가세, 두 종류의 경영 지표(신생 산업 활동 밀도 및 고학력 노동자 밀도), 그리고…"

회사에서
스마트 브레비티 하라

스마트 브레비티
지수

1,167단어
4½분

회사만큼 스마트 브레비티 원칙이
효과적이고 필요한 곳이 또 있을까.

왜
중요한가

하는 일이 무엇이든 간에, 소통에 스마트함과 효율성을
더하면 성과와 역량을 급격히 높일 수 있다.

상사와 동료들은 당신이 더 스마트하게 일하고, 시간을 절약하며,
도움이 된다는 사실을 깨닫고 합당한 보상을 할 것이다.

이것은 회사 생활에 있어 큰 이점이다. 왜냐하면 대부분의 사람들은
일터에서 스마트하게 소통하는 데 어려움을 겪기 때문이다.

큰 그림

사무실의 혁신은 실시간으로 일어나고 있다. 이는 사람들이
일하고 상호 작용하고 성과를 만드는 방식을 뒤바꿀 것이다.
임원들이 비밀스럽게 순종적인 직원들에게 명령을 내리던
하향식 기업 문화의 시대는 끝났다.

직장에서의 투명성과 의미를 요구하는 이상주의적 재택근무
자의 시대가 도래했다. 문화는 전략이나 실무만큼 중요해질
것이다.

커뮤니케이션은 이 혁신의 최전선에 있을 것이다. 활기차고 분명하
며 솔직담백하게 소통하는 사람이 승자가 될 것이다. 과거의 폐쇄적

이고 산만한 방식을 고수하는 사람들은 퇴출될 것이다.

우리는 작은 스타트업부터 〈포춘〉 선정 500대 기업까지 다양한 기업의 CEO 및 리더들과 대화한다. 그들도 우리와 똑같이 생각한다. 읽지 않은 이메일과 열어 보지 않은 슬랙 메시지, 갈 곳 잃은 메모와 공지사항이 가득하다. 하나같이 너무 길고, 막상 읽기엔 재미가 없다.

이것은 무기력하고 혼란스러우며, 직원 다수가 무엇이 가장 중요한지 알기 어렵게 만든다. 사람들이 한 곳에 모여 일하지 않고, 재택 등으로 제각기 떨어져 일할 때는 특히 그렇다.

1930년대부터 여론 조사를 해 온 갤럽은 직원들이 자신의 일에 대해 긍정적으로 생각하고 계속 정진하게 만드는 두 가지를 발견했다. 하나는 동료들과의 친밀한 관계이고, 다른 하나는 적극적으로 참여하는 것이다.

직장에서 배제되고 있다고 느끼는 사람의 74%는 다른 일자리를 알아보고 있었다. 그들은 기회가 된다면 급여를 조금만 올려 받을 수 있어도 회사를 그만두겠다는 자세를 보였으며, 심지어 급여가 줄어도 이직을 불사하겠다는 경우도 있었다.

사정은 나아지지 않을 것이다. 갤럽의 CEO 존 클리프톤Jon Clifton은 코로나19가 잦아든 2021년 가을 조사에서, 재택근무를 하던 노동자의 30%만이 다시 사무실로 출근하길 원한다고 밝혔다. 이를 원치 않는 사람들 대부분은 사무실 출근이 강행되면 회사를 옮기거나 급여 삭감을 감수하겠다고 말했다.

이는 주목을 끄는 명확한 방식으로 커뮤니케이션을 익히는 사람에게 큰 기회가 있다는 뜻이다. 글로벌 커뮤니케이션 기업 에델만은 자사의 '신뢰도 지표' 조사 결과에 근거해 2021년 '신념에 따라 움직이는 직원들The Belief-Driven Employee'이라는 보고서를 발간했다. 여기에서 에델만은 개인의 자율성과 기업의 사회적 영향력이 승진이나 급여 인상 못지않게 직원들의 필수 요구 조건이 됐다고 밝혔다. 놀랍게도 61%의 응답자는 사회적 이슈에 기반해 고용주를 선택할 거라고 답했다.

기업의 가치를 알리는 것은 이제 뛰어난 재능을 지닌 사람을 모으고 유지하기 위한 핵심이 됐다. 악시오스 HQ 사용자들은 각 부서, 프로젝트, 팀의 활동을 예측 가능한 형태와 속도로 매주 받아 보는 것이 다음 사항에 도움이 된다는 사실을 깨달았다.

- 직원들이 공통된 가치와 전략, 문화를 갖도록 한다.

- 다양성과 포용, 공정 계획과 절차를 조율한다.

- 완수해야 하는 가장 어려운 일을 중요도순으로 설명한다.

- 다른 직원에게 진행 상황이나 변화를 공유하고, 고객에게 투명한 정보 공개를 가능하게 한다.

중요한 전략적 결정과 아이디어를 모아 놓는, 실시간으로 업데이트
되는 자료 저장소가 된다.

악시오스 HQ 사용자를 대상으로 한 내부 연구 결과에 따
르면, 스마트 브레비티를 적용하자 이런 부분들이 모두
크게 개선됐다.

스마트 브레비티 실전

① 메시지와 메모, 이메일

스마트 브레비티 원칙에 따라 핵심적인 업데이트를 쓰자. 이는 소통에 일관성과 개성을 모두 가져다준다.

② 매니징

당신이 매니저라면 스마트하고 간결한 뉴스레터(챕터13 참조)로 주간 업데이트를 보내자. 직속 상사들에게도 같은 걸 해달라고 요청해라.

○ 일요일이나 월요일 오전에 메일을 보내는 게, 직원들에게 새로운 한 주의 목표를 공유하기 가장 좋다.

○ 데이터를 보면, 아침에 보내야 오픈율을 극대화할 수 있다.

③ 프레젠테이션

파워포인트는 불필요한 낙서의 온상으로 눈을 괴롭게 한다. 배설물 같은 조악한 그림과 단어 속에 사람들의 아이디어나 제안은 다 묻힌다. 그러곤 수십 장의 슬라이드가 반복된다. 빨리 고치려면 이렇게 하자.

○ 챕터6에 시선을 사로잡는 요령을 이용해 잘 벼린 중요한 주제를 먼저 밝히고 발표를 시작하라.

○ 이어지는 슬라이드에서 강조할 포인트는 제목과 비슷한 크기로 표현돼야 한다. 불릿은 가능한 한 최소한의 길이로 만든 문장에 찍어야 한

다. 경험에 따른 충고를 하겠다. 슬라이드에 단어 수가 20개가 넘어 가면, 다시 생각해 보는 게 좋다.

시각 자료는 깔끔하고 단순하며, 의미를 덧붙일 수 있도록 사용하자 (챕터20).

슬라이드는 웬만하면 5~6장을 넘기지 마라.

마지막엔 의도를 언급하며 다시 처음으로 돌아오라. 그러곤 끝내라.

거대 석유 회사 BP의 전 홍보 책임자인 제프 모렐Geoff Morrell 은 대기업에 스마트 브레비티를 본격적으로 도입한 최초의 인물이다.

왜
중요한가

모렐이 단시간에 이룩한 성공을 보면 일터나 학교, 지역 사회 에서 커뮤니케이션 방식을 어떻게 바꿔야 주목받는지 배울 수 있다. 그의 사례는 스마트 브레비티의 원칙을 설명한 이 책을 쓰는 데에도 영향을 미쳤다.

배경

BP에서 근무하기 전에, 모렐은 미국 국방부에서 국방장관 밥 게이츠Bob Gates의 최고위 보좌관으로 근무했다. 그는 'BLUF'라는 딱지가 붙은 짧은 요약본과 함께 긴 메모를 본 기억을 이야기했다. BLUF는 "결론부터Bottom Line Up Front"라 는 뜻으로, 군대판 스마트 브레비티라고 할 수 있었다. 그런 데 모두가 BLUF만 읽었다. 전체 메모를 읽는 사람은 거의 없었다.

모렐은 자신만의 BLUF를 만들고 싶었다. 그는 우리에게 스마트 브레비티를 전수해 줄 수 있느냐고 물었다.

처음에 그는 경영 방침을 공유하기 위한 내부 뉴스레터에 스마트 브레비티를 적용했다. 이는 곧 회사 전체로 퍼졌다. 그는 뉴스레터를 'ITK'라고 불렀다. '빠꼼이In the Know'라는 뜻이다.

악시오스 HQ는 전 세계에서 500명 이상의 BP 홍보 직원을 훈련시켰다. 그들은 그때부터 스마트 브레비티에 따라 사내 및 사외 메시지를 만들었다. 오픈율이 치솟았고, 임원들은 나라와 언어를 불문하고 간결함을 전하는 전도사가 됐다.

모렐의 소통 팁과 요령

1. **스마트 브레비티는 가르칠 수 있다.** 모렐은 사람들에게 강조할 부분을 능동태로 쓰라고 했다. 사람들은 그렇게 했다.

2. **스마트 브레비티를 적용하면 '보통 사람'처럼 쓰게 된다.** 모렐은 사람들이 친구와 문자를 주고받을 때는 스타카토처럼 끊어 보내도 즉각 뜻을 이해하지만, 직장에서는 혼란스러운 글을 쓴다는 데 충격을 받았다.

3. **스마트 브레비티는 멋지다.** 모렐은 영웅이 됐다. 결과를 본 이들은 자신의 팀에서도 스마트 브레비티를 도입하고 싶어 했다. 처음 ITK에 원고를 쓴 크리스 레이놀즈Chris Reynolds는 회사 전체에서 사람들이 찾아와 비결을 물어보는 유명인이 됐다.

4. **스마트 브레비티는 파급력이 있다.** 스마트 브레비티의 마법은 금세 ITK와 홍보 부서 밖으로 퍼져 나갔다. 모렐은 '여러분이 알아야 할 세 가지'나 '알아야 할 다섯 가지' 같은 내부 메모를 목격하기 시작했다. 예전에는 전혀 읽히지 않았던 복잡한 주제를 다룬 정책 보고서가 이제는 스마트 브레비티 형식으로 나온다. 모렐은 다른 BP 협력 직원들과 회사에 대해 이야기할 때 그 보고서를 사용했다.

⑤ **스마트 브레비티는 다목적이다.** 이제는 BP의 성과 리뷰나 심지어 안전 안내문에서도 스마트 브레비티를 확인할 수 있다.

스마트 브레비티 실전

이메일을
스마트 브레비티 하라

스마트 브레비티
지수

1,326단어
5분

갤럽은 이 책을 위해 따로 실시한 여론 조사에서 70%의 직원이 직장에서 짧게 소통하길 원한다는 사실을 발견했다.

왜
중요한가

사장의 메시지를 전부 읽는다고 답한 직원은 절반뿐이었다. 나머지는 화면 속 단어들을 무시하거나 대충 보고 만다는 것을 갤럽의 데이터는 보여 준다.

사람들이 이메일을 쓰는 방식을 보면 "무시해 주세요"라고 외치는 것 같다. 하지만 스마트 브레비티를 적용하면 상대방이 메일을 더 빠르게 이해하고 효율적으로 건너뛰게 만들 수 있다.

이건 일터에서 벌어지는, 사람들의 주의를 끌기 위한 전쟁에서 승리하는 가장 손쉬운 방법이다. 조지타운 대학교의 직업 효율 전문가 칼 뉴포트Carl Newport는 《이메일 없는 세상A World Without Email》(2021)에서 평균적인 직장인이 받는 메일은 2005년 하루 50통이었지만, 2019년에는 126통으로 크게 늘었다고 말한다. 개선이 시급하다.

제대로

적힌
이메일

여기 악시오스의 최고 인사 책임자인 도미니크 테일러Dominique Taylor와 인사 관리 부사장인 클레어 케네디Claire Kennedy가 작성한 이메일 사례가 있다.

시선을 끄는 방법으로 중요한 세부사항을 강조하는 데 주목하라.

받는 사람   참조 숨은참조

제목   **신규 채용 요청(긴급!)**

미디어팀과 본사 인력 운영 구조를 최적화하는 과정에서, 우리는 미디어팀의 인재 관리 디렉터를 최대한 빨리 채용할 필요가 있다고 결정했습니다.

왜 중요한가: 올해 말까지 직원 수가 400명을 넘어설 것입니다. 이는 당초의 예상은 물론, 이를 수정한 예상치도 크게 넘어서는 수준입니다.

- 현재 우리는 인재 관리팀의 일을 대신 메우고 있습니다. 회사가 경험하고 있는, 그리고 앞으로 예상되는 성장을 뒷받침하기 위해서는 다양한 인력을 추가 확보할 필요가 있습니다. 지금과 같은 복합적인 환경에서는 특히 중요한 문제입니다.

- 이직률 상승을 막으려면 새 직원을 단합시키고 기존 직원의 관여도를 높일 수 있는 훨씬 더 많은 노력이 필요합니다.

어떻게 할 것인가: 새로운 역할을 포함한 미디어팀의 조직도입니다.

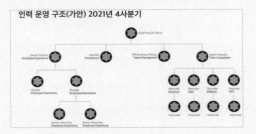

향후 일정: 클레어는 9월 17~29일 출장이 예정되어 있습니다. 따라서 이번 주 안에 결정하길 희망합니다.

감사합니다.

도미니크 & 클레어

① **잘못 쓴 이메일은 제목부터 불친절하다. 우리는 짧고 직접적이며 긴급한 이메일을 원한다.**

앞 페이지에 소개한 메일은 왜 메일을 *당장* 열어야 하는지 알려 준다.

② **우리는 첫 줄에서 새로운 사실이나 용건을 알고자 한다.**

사람들이 메일을 *반드시* 읽고 싶게 만들어라.

③ **받는 사람에게 "무엇이 중요한지" 맥락을 제공하라.**

주제를 뒷받침하고 데이터를 제시하는 틀로 활용할 수 있다.

④ **불릿을 이용하라. 대강 읽는 사람과 정독하는 사람 모두에게 가장 중요한 지점과 이를 뒷받침하는 생각을 쉽게 이해시킬 수 있다.**

⑤ **볼드체로 강조하고 싶은 수치나 이름을 처리하라. 이 역시 대강 읽는 사람의 시선을 잡아끄는 최고의 방법이다.**

⑥ **깔끔하고 직관적인 시각 자료는 요점을 강조하거나 생동감을 불어넣어 준다.**

사례 1

변경 전

새 메시지　　　　　　　　　　　　　　　　　　　　　　　_ ⤢ ✕

받는 사람　　　　　　　　　　　　　　　　　　　　　　　참조 숨은참조

제목　　**스마트 브레비티 교육**

팀원들께,

2020년 1월 31일 금요일에 개최한 첫 번째 스마트 브레비티 오픈 하우스는 성황을 이뤘습니다. 현재의 회사 내부 소통 과정을 개선하는 데 관심이 있는 고객사들이 참여할 수 있는 무료 세션을 열었습니다. 이 세션에 우리는 여러 부서에서 근무하고 있는 6개 조직 출신 16명의 전문가를 초청했고 모두 참석했습니다.

교육 세션은 3시간 30분 동안 이어졌으며 1시간의 기초 교육과 2시간 반의 워크숍으로 구성됐습니다. 우리가 사용하는 툴을 이용해 2건의 문건을 작성하는 연습을 했으며, 이를 통해 참석한 전문가들은 뉴스레터 작성 템플릿과 친숙해졌습니다. 세션 과정에서 무엇이 효과가 있고 어떤 부분을 개선할 수 있을지 훌륭한 피드백을 받았습니다. 우리가 들은 피드백 중 일부는 이렇습니다.

"스마트 브레비티 요령을 연습할 수 있어서 워크숍이 아주 즐거웠습니다. 스마트 브레비티를 이메일이나 소셜 미디어같이 일상적인 소통에 응용할 방법을 알려 줘서 앞으로도 도움이 많이 될 것 같습니다." - 스마트 브레비티 교육 참석자

우리가 해당 툴을 악시오스 내부에서 어떻게 사용하는지 사례를 이야기하자, 몇몇 참석자들은 자신의 팀에서 이 형식을 사용하면 어떨까 관심을 보였습니다. 관계를 지속해서 유지하고 강화하기 위해 다음 주에 참석자 모두와 연락을 할 예정입니다.

궁금한 점이 있다면 연락 주세요.

 　　📎 🔗 😊 🖼　　　　　　　　　　⋮ 🗑

　　　　　　　　　　　　　　스마트 브레비티 실전

새 메시지   _ ⤢ ×

받는 사람   참조 숨은참조

제목   **스마트 브레비티가 악시오스를 넘어 확산**

팀원들께,

금요일에 첫 스마트 브레비티 무료 오픈 하우스가 본사에서 열렸습니다. 우리의 스타일에 관심을 가진 고객들이 '악시오스 HQ'를 활용할 수 있도록 돕는 교육 과정입니다.

왜 중요한가: 그들은 금세 이해했고, 상당수는 우리의 교육을 자신들의 회사에 적용해 더 많은 동료들이 배우게 할 수 있느냐고 물었습니다.

숫자로 보기:

- **16명의 전문가 참석**
- **6개 조직**
- **3시간 30분의 교육**
- **악시오스 HQ를 이용해 2건의 문건 작성 연습**

피드백: "스마트 브레비티 요령을 연습할 수 있어서 워크숍이 아주 즐거웠습니다. 스마트 브레비티를 이메일이나 소셜 미디어같이 일상적인 소통에 응용할 방법을 알려 줘서 앞으로도 도움이 많이 될 것 같습니다."

향후 일정: 관계를 지속해서 유지하고 강화하기 위해 다음 주 참석자 모두와 연락할 예정입니다.

Send   ⋮ 🗑

사례 2

변경 전

새 메시지   _ ⤢ ✕

받는 사람   참조 숨은참조

제목   **익스펜시파이* 정책 업데이트!**

안녕하세요.

공식적으로 새로운 회계 시스템(Sage-Intacct)으로 전환했습니다. 익스펜시파이에도 변화가 있다는 뜻입니다 🎉. 아마 익스펜시파이에서 여러분을 새 정책에 포함시켰다는 이메일을 받으셨을 것입니다. 이제 여러분의 지출 보고를 우리의 회계 시스템에 연동할 수 있습니다.

지출을 등록할 때엔 '악시오스 지출 정책'이라는 새 방침에 따라 주세요. 이를 통해 부서장과 재무팀은 환급할 지출 내역을 승인할 수 있고, 여러분은 환급을 받을 수 있습니다. 이를 디폴트로 지정해 주세요.

첨부 파일은 특별판 익스펜시파이 재도입에 관한 파워포인트 파일로, 몇 가지 일반적인 모범 사례와 변경 사항에 대한 더 자세한 내용이 포함돼 있습니다.

- 부서는 이제 '클래스'가 아니라 '부서' 필드에 표시됩니다.
- 클래스/프로젝트(7번 슬라이드)는 전사적인 이니셔티브와 프로젝트, 그리고 팀 차원의 지출을 위한 태그입니다.

이를 통해 회사는 특정 이니셔티브별로 비용을 더 잘 알 수 있고, 우리가 목표에 맞춰 제대로 가고 있는지 확인할 수 있게 해 줍니다. 지출을 이니셔티브에 태깅하면 프로젝트의 예산을 세울 때 정확도를 높일 수 있습니다.

사업 라인(8번 슬라이드)은 3개 사업 라인에 대한 지출을 태깅하는 것입니다. 이제 필수 항목이 됐습니다.

새로운 시스템으로 업그레이드함으로써, 사업 전반의 재무 사항을 효율적으로 보고할 수 있게 됐습니다. 회사는 각 사업 라인이 목표를 얼마나 달성하고 있는지 더 잘 보고할 수 있게 됐습니다.

이것이 큰 변화임을 알고 있습니다. 그래서 2월 초, 전체 직원 회의 때 설명회를 개최할 계획입니다. 실시간으로 질문에 답해 드릴 수 있습니다. 궁금한 점이 있다면 재무팀 누구에게든 슬랙이나 이메일로 문의해 주세요.

언제든 도와드리겠습니다!

새 메시지 — ✗ ✕

받는 사람   참조 숨은참조

제목   **지출 보고 절차 변경**

안녕하세요.
재무팀의 업무 속도를 개선하기 위해 회계 시스템을 교체했습니다.

해야 할 한 가지: 다음 지출 보고를 하기 전에, 익스펜시파이 세팅을 '악시오스 지출 정책'으로 변경해 주세요. 방법은 이렇습니다.

1. 익스펜시파이 로그인
2. 프로필 이미지 클릭
3. '악시오스 지출 정책' 체크

진행 중인 보고가 있다면, 세팅을 업데이트해 주세요.

1. 왼쪽 메뉴바에서 '보고' 클릭
2. 보고 선택한 뒤 '자세히 보기' 클릭
3. '정책' 풀다운 메뉴를 열고 '악시오스 지출 정책' 체크

향후 일정: 업그레이드로 여러분이 사용해야 할 새로운 지출 필드가 추가되는 등 몇 가지 개선이 이뤄졌습니다. 회사에서는 2월 초 전체 직원 회의 때 이 내용을 다룰 예정입니다.

- 빠르게 대략적인 내용을 알고자 한다면, 첨부한 파워포인트를 확인해 주세요. 궁금한 점이 있다면 슬랙으로 제게 물어봐 주세요.

  Send 📎 🔗 🙂 🖼   ⋮ 🗑

◆   개인용·기업용 지출관리 시스템을 개발하고 서비스하는 소프트웨어 회사.

회의를
스마트 브레비티 하라

스마트 브레비티
지수

844단어
3분

떠올려 보자.
너무 길고 종잡을 수 없으며 무용한 회의에서
잃어버린 시간들을.

왜
중요한가

스마트와 간결을 짧은 회의에 더함으로써 팀의 문화와 성과를 바꿀 수 있다. 여러분은 다른 사람의 시간을 소중히 여기는 사람으로 그리고 뭔가 중요한 것을 말하는 사람으로 인식될 것이다.

첫 단계는 제대로 회의하는 방법을 배우는 것이다. 네 명 중 세 명은 회의 잘하는 법을 훈련받지 못했다. 수많은 경영 전략 회의가 엉망 진창인 것도 놀랄 일은 아니다.

다른 사람도 당신과 똑같다. 회의 시간에 90%는 딴 생각을 하고 72%는 다른 일을 한다(〈하버드 비즈니스 리뷰〉).

이제 이 챕터에 나온 원칙을 사용해서 일관성을 만들고 명확한 방향을 설정해 더 나은 결과를 얻을 수 있다.

본격적으로

시작하기
전에

좋은 회의는 대개 시작 전에 결정된다.

바보같이 들릴 수 있지만, 회의가 정말 필요한지 확실히 해야 한다. 프라이버시를 고려해야 하거나 대놓고 할 직언이라면, 회의보다는 일대일 대화가 나을 수 있다.

- 회의를 소집하는 사람은 목적(한 줄의 직접적인 문장)과 어젠다(불릿을 사용해 최대 세 줄)를 회의 전에 이메일로 공유해야 한다.

- 참석자들이 당일 일정이 꽉 차 바쁠 것으로 예상되는 경우, 이 과정을 전날 밤에 시도하라. 생각할 시간을 충분히 줄 수 있다.

- 아마존의 창업자 제프 베조스Jeff Bezos는 이것을 극한으로 추구한 것으로 유명하다. 대면 파워포인트 발표에 대한 불신 때문이다. 베조스는 파워포인트가 요점을 명확하게 하는 게 아니라 오히려 혼란스럽게 만든다고 말한다. 그는 주주에게 보내는 편지에 다음과 같이 적었다. "대신, 우리는 술술 읽히게 구성된 6쪽짜리 메모를 씁니다. 그리고 매 회의 초반에 마치 '자습 시간인 양 조용히 그 문서를 읽습니다."

- 스마트한 여섯 문장이면 충분하다!

- 가능하다면 구체적인 의사결정 사항 혹은 액션 아이템의 초안을 잡아 둬라.

회의하는 동안

1 시간을 제한하라. 제대로 한다면 보통 20분이면 충분하다. 대부분의 사람들은 해야 할 일과 상관없이 회의 시간을 30분 이상으로 자동 설정하는 로봇처럼 행동한다. 일터에서 그 문화를 뒤흔들어라. 돋보일 것이다.

- 회의 시간을 25분 또는 50분으로 설정할 수 있는 슬랙의 접근법도 영리한 방법이다. 만약 회의가 연달아 있더라도 다음 회의에 늦지 않을 수 있다. 차도 한 잔 마실 수 있다.

- 짧은 회의(5분에서 10분)를 시험해 보라. 긴 회의가 효율적이라고 뒷받침할 견고한 이론이나 법칙은 없다.

스마트 브레비티 실전

2 **회의는 제목에서부터 시작하라.** 사전에 이메일로 공유한 한 문장으로 된 목표 말이다. 이를 통해 회의를 개최하는 가장 중요한 이유를 명확하게 할 수 있다. 해결하거나 논의하기 위해 무엇이 필요한가?

3 **두 번째 문장에서는 회의 주제가 "왜 중요한가"를 설명하라.** 사람들은 바쁘고, 다른 회의로 옮겨 가야 할 때가 자주 있다. 그들이 왜 회의에 와 있는지 알게 하라.

4 **다음으로, 어떤 결정을 내려야 하는지 분명하게 언급하라.** 핵심을 챙기면서 회의를 마칠 수 있다.

5 **집중과 효율을 높이도록 분위기를 만들면서 토의를 이끌어라.** 이 과정은 건전한 동료 압력peer pressure이라고 생각하자. 만약 누군가가 주제에서 벗어나면 미소와 함께 "주제를 벗어났습니다!"라고 말하라. 팔을 흔드는 것은 유머를 더하고 딱딱한 분위기를 완화시킬 수 있다.

6 **포용적이 돼라.** 가장 조용한 사람이 가장 스마트한 내용을 말할 때가 자주 있다. 조용한 사람이 자신의 관점을 나눌 수 있도록 장려하자. 적어도 그들은 이에 감사할 것이다.

7 **2분이 남았을 때엔 논의를 종료하라.** 핵심을 요약하고 다

음 단계에 할 일을 구체적으로 정하라. 종료 전, 정리된 내용을 이메일로 보내겠다고 팀원들에게 알려라.

회의 뒤

회의 내용이 잊히기 전에, 재빨리 챙겨야 할 일들을 불릿으로 정리해서 이메일을 보낸다.

이런 이메일에는 사람들이 회의 이후 생각난 점들을 덧붙이도록 할 수 있다. 그러면 추가적인 회의를 하지 않아도 된다.

나쁜 사례

잡담과 재미있는 이야기는 일찍 왔을 때에나 누릴 수 있는 보상이다(만약 짐처럼 너무 많은 잡담을 한다면 벌칙을 받게 된다). 회의 시간이 됐는데도 점심 메뉴나 주말 이야기를 하고 있다면, 바쁜 사람들에게 회의가 중요하지 않다는 인상을 주게 된다. 그런데도 잡담을 할 것인가?

어떤 회의는 참석자도 많고 논의할 주제도 많으며, 심지어 시간도 오래 걸린다. 동료들은 회의 주최자에게 별다른 말을 하지 않겠지만, 이 사실을 눈여겨 보고 기억해 둔다.

제대로 된 사례

정확한 시간에 시작하는 문화를 만들라. 조지 W. 부시 대통령이 2001년 백악관으로 이사한 첫 주에 칼 로브Karl Rove(실세 보좌관)는 집무실에서 열리는 회의에 늦었다. 부시 대통령은 다른 보좌관에게 문을 잠그라고 지시했다. 로브는 다시는 늦지 않았다.

정확히 시간 맞춰 와 준 사람에게 감사를 표하라. 남은 회의 동안 온화한 목소리로 있을 수 있다(문을 잠글지 말지는 당신이 결정할 일이다).

책임을 할당하라. 누가 무엇을 언제까지 해야 하는지 명확히 하라.

스마트 브레비티 실전

연설을
스마트 브레비티 하라

스마트 브레비티
지수

1,453단어
5½분

연설이나 건배사, 농담을 듣고
"훌륭하군. 더 길고 복잡하면 좋으련만"이라고
마지막으로 생각한 게 언제였는가.

왜
중요한가

'전혀 없다'가 답이다. 그것이 훌륭한 연설을 하기 위한 핵심이다. 청중에게 의미 있는 발언을 하라. 그리고 한 가지 중요한 사실(전하고자 하는 주제)을 다루되 인상적이고 오래 기억되게 만들어라.

인생도 그렇지만, 연설도 말을 많이 한다고 도드라져 보이지 않는다. 실제로 역사상 가장 유명한 연설 중에도 짧은 것들이 있다.

- 링컨의 게티스버그 연설: 272단어

- 존 F. 케네디의 취임 연설: 15분 미만

- 존 퀸시 애덤스John Quincy Adams의 독립선언: 세 가지 양도할 수 없는 권리. 스물 두 가지가 아니다.

커뮤니케이션 전문가 낸시 두어트Nancy Duarte는 마틴 루터 킹 주니어의 '내겐 꿈이 있습니다'와 스티브 잡스의 전설적인 2007년 아이폰 출시 발표의 리듬과 흐름, 내용을 연구한 뒤 유명한 TED 강연을 했다. 두어트가 발견한

위대한 연설의 '비밀 구조'를 스마트 브레비티 언어로 표현해 보면 다음과 같다.

- 오늘날 세상이 어떤지 혹은 주제와 관련된 상황은 어떤지 현 상태를 설명한다.

- 이를 연사의 고상한 아이디어와 대비시킨다―연설의 요점.

- 현재 상황과 가능한 상황 사이를 오간다.

- 행동을 촉구한다.

- 자신의 생각을 받아들였을 때의 유토피아를 생생히 묘사하며 끝을 맺는다.

잡스의 느리고 매혹적인 아이폰 공개 영상을 보자.

- 잡스는 자신의 놀라운 제품을 통해 청중들을 변화된 세상으로 초대한다. 그곳은 더 즐겁고 미래적이며 감각적인 세상이다.

- 잡스는 아이폰을 다양한 각도에서 보여 주며 다른 휴대전화의 단점을 설명한다.

- 그런 뒤 마치 달을 보여 주기 위해 창문을 열 듯이 아이폰을 켠다. 그것은 마법처럼 신비롭게 빛난다.

- 그리고 더 많은 것이 실현될, 보다 나은 미래를 약속하며 마이크를 내려놓는다.

자, 이제 지구로 돌아올 시간이다. 우리는 스티브 잡스가 아니다. 인류를 영원히 바꿀 장치를 개발하고 있는지도 의문스럽다. 우리는 그저 바보가 되지 않고 무대에서 내려오기 위해 노력하고 있을 뿐이다. 여기, 우리 같은 보통 사람에게 도움이 될 실용적인 팁이 있다.

① 시작하기 전에 확인하자. 평범한 사람답게 행동해야 한다. 그러기 위해 진정성 있게 쓰고 말해야 한다. 너무 많은 사람들이 다른 사람을 흉내 내거나 브로드웨이 연극의 주인공처럼 군다. 자신의 언어로 이야기하라.

- 미안하지만 슬라이드, 메모 및 텔레프롬프터는 도움이 되지 않는다. 집중해야 할 건 자기 자신과 준비해 온 이야기뿐이다.

- 연설하는 동안 대여섯 명의 사람과 눈을 맞추는 연습을 하라.

② 청중을 기억하라. 운이 좋다면, 청중은 연설에서 한 가지 주제를 기억할 것이다. 보통은 휴대전화를 확인하고 싶어 좀이 쑤시거나, 이미 테이블 아래로 확인하고 있을 가능성이 크다.

하지만, 그럼에도 불구하고, 연설은 다른 의사소통과 다르다. 사람들은 특정 주제에 대해 당신의 의견을 듣기 위해 온다. 처음부터 청중을 우리 편으로 만들어야 한다. 웃음으로 끝나는 실제 이야기로 시작하자. 그러나 하나 이상의 농담이나 일화는 연설의 목적을 잃어버리게 만드니 주의하라.

- 시작을 얼마나 길게 해야 하는지 알려 주는 검증된 방법이 있다. 이웃과 우연히 만났다고 생각해 보자. 늘어지거나 지루하지 않고 얼마

나 오래 대화할 수 있는지 힌트를 얻을 수 있다.

그것이 바로 오프닝 스토리의 길이다. 시간과 장소를 정하고, 상황을 설명하고, 무슨 일이 있었는지 말하라. 그리고 멈춰라.

❸ 가장 중요한 하나의 포인트나 교훈을 선명히 표현하라. 당신이 중요한 생각을 갖고 있다면, 그것을 중심으로 연설을 만들어라.

한 가지 확실한 것은, 당신이 한 문장으로 요점을 알 수 없다면 청중도 모를 거라는 사실이다.

중요한 생각을 하나의 짧은 문장으로 단순화하라. 그런 다음 챕터 10에서 논의한 강력한 단어 모델을 사용해 단어 하나하나를 다듬어라(1음절 단어 = 🔥). 도발적일수록 좋다. 청중이 연설의 요지를 수영장에 있는 연인, 동료, 친구와 나누기 위해 달려갈지 생각해 보라. 그렇지 않다면, 해야 할 일이 있다.

〈하버드 비즈니스 리뷰〉에 따르면, 연설의 요지는 15단어를 넘지 않아야 한다. 우리는 짧을수록 더 좋다고 조언한다.

❹ 중요한 요점으로 깊은 인상을 남겨야 한다. 연설의 하이라이트에서 이렇게 말하라. "오늘 기억해야 할 한 가지는…" 그런 뒤 날카롭게 가다듬은 주제를 빙빙 돌리지 말고 그대로 말하라. 즉시 모든 사람의 관심을 끌 것이다. 당신은 청중의 두뇌 안에서 대신 작업해 주고 있다. 하찮은 것들 사이에서 중요한 것을 정렬해 주는 작업이다.

　　　　　　　　　　　　스마트 브레비티 실전

⑤ '왜 중요한가' 다음에 중요한 생각에 대한 짧은 맥락을 덧붙여라. 이렇게 말할 수도 있다. "이것은 당신에게 중요합니다." 이를 통해 당신은 체계를 유지하고 청중이 계속 귀를 기울이게 만들 수 있다.

⑥ 그런 뒤 몇 가지 통계나 이야기를 펼쳐 주제를 뒷받침하고 생명력을 불어넣자. 번호를 매기고 맨 앞에 이렇게 덧붙이는 것도 도움이 된다. "…의 다섯 가지 요점." 숫자를 극적으로 언급하거나 윙크하듯 언어적으로 강조해 재미를 더하라.

자료나 통계에 번호를 매기면 청중이 메모하는 데 도움이 된다. 그러나 더 중요한 것은 연사와 청중이 어디로 가고 있는지 알려 준다는 점이다. 지휘권이 당신에게 있음을 보여 준다면, 청중은 따를 것이다.

또는 아이디어가 구현된 삶과 이전 삶의 급격한 차이를 보여 주는 낸시 두어트의 모델을 따르라.

어느 쪽이든, 논리적이고 따라하기 쉬운 게 중요하다. 아이디어와 예를 단순하고 공감할 수 있게 유지하라. 복잡하면 금방 흥이 깨진다.

⑦ 마지막으로 다음과 같이 말하며 중요한 주제를 강조하자. "한 가지 꼭 기억해야 할 게 있다면, 바로 이것입니다…"

그리고 고맙다고 말하라. 항상 정중하게 감사를 표하는

말로 연설을 끝내야 한다. 사람들이 당신을 응원하고 싶게 만들어라.

잘못된 사례

바이든 대통령은 2021년 코네티컷주 뉴런던의 해안경비대 아카데미에서의 28분짜리 연설에서 무슨 말을 할지 생각하고 있었을 것이다.

하지만 그 생각은 바이든의 머릿속에만 머물렀던 것 같다. 졸업생들은 실패한 해군 농담을 포함해 그가 시도한 유머에 냉랭한 반응을 보였다.

대통령은 노골적인 모욕으로 마침내 진정한 웃음을 선사했다. "정말 따분한 학생들이네." 그는 당황한 데다 어떻게 해볼 수 없다는 생각에 이렇게 말했다. "그러니까, 어… 이거 햇살이 너무 따가운가요?"

그리고 가장 고통스러운 순간이 찾아왔다. "자, 그럼 농담은 그만하고…."

핵심

바이든 대통령은 연설에서 전하고 싶은 중요한 이야기가 없었다. 그는 무난하지만 쉽게 잊힐 연설을 읽고 있었다. 청중의 주의가 흐트러졌을 때, 그의 주의 역시 흐트러졌다.

바이든은 이런 식으로 청중의 주의를 끌고자 했다.

스마트 브레비티 실전

"세상은 변하고 있습니다. 우리는 세계 역사에서 중요한 변곡점에 서 있습니다. 그리고 미국은 큰 변화의 시기에 항상 미래를 계획할 수 있었습니다. 우리는 끊임없이 새로워졌습니다. 그리고 우리가 함께 할 때, 국가로서 무엇이든 할 수 있었다는 사실을 거듭 증명해 왔습니다."

저런, 대통령님을 위해 고쳐 드리겠습니다.

"졸업생 여러분, 수고하셨습니다. 여러분은 세계 역사의 중요한 시점에 살고 있습니다. 여러분은 크고 지속적인 변화를 빠르게 만들 수 있습니다. 여기 그 방법이 있습니다."

모호하고 흐릿한 일반론 대 짧고 날카로우며 타격감 있는 말. 경쟁이 안 된다.

제대로
이해하면

세상에서 가장 매혹적인 연설 중에 TED 강연이 있다. 거 창한 생각을 가진 전문가가 셀 수 없이 반복해서 다듬은 긴장감 넘치는 연설이다.

이런 보석 같은 강연을 후원하는 비영리 단체 TED의 비밀은 다음과 같다. 모든 강연은 18분 이내다. 강연자가 누구든 상관없다.

TED의 대표인 크리스 앤더슨Chris Anderson은 이렇게 말한다. "사람들의 관심을 끌 만큼 짧지만, 중요한 내용을 말할 만큼은 충분히 길다"라고. 괜찮은 공식이다.

지금까지 가장 많은 사람들이 본 TED 강연 중 하나는 소셜 네트워킹 전문가 파멜라 메이어Pamela Meyer의 '거짓말쟁이를 색출해 내는 방법'이다. 메이어는 2011년 강연을 이렇게 시작한다. "여기 온 분들에게 경고를 할 생각은 없었는데, 여러분 오른쪽에 있는 사람이 거짓말쟁이라는 사실이 눈에 들어오는 건 어쩔 수 없군요."

파멜라는 우리의 시선을 잡아챘다. 그리고 그걸 가능하게 한 건 단 한 문장이었다.

그런 다음 파멜라는 재미있는 일화를 들려준다. "《속임수의 심리학Liespotting》 책을 쓴 뒤 아무도, 그 누구도, 단 한 명도 더 이상 나를 직접 만나고 싶어 하지 않았어요. 다들 '괜찮아요, 이메일 보낼게요'라고 하더군요." 훌륭한 두 문장이다.

이어서 곧바로 방향을 제시했다. "그러니 시작하기 전에, 저는 여러분을 위해 목표를 명확히 밝힐 것입니다."

이제 주제가 나온다. "거짓말은 협력적 행위입니다. … 다른 사람이 거짓말을 믿기로 동의할 때 그 힘이 나타납니다."

못을 박는 말이다.

프레젠테이션을
스마트 브레비티 하라

스마트 브레비티
지수

710단어
2½분

준비한 사람에겐 스트레스,
청중에겐 지루함으로 다가오는 프레젠테이션이
너무 많다. 모두에게 시간 낭비다.

왜
중요한가

미니멀리스트의 입장에서 완벽한 파워포인트를 상상해
보라. 최고의 경지는 최소한의 단어와 슬라이드를 써서,
주의가 산만해질 가능성을 최소화하는 단계다.

우리는 가장 중요한 주제를 강조하기 위해 많은 준비를 한다. 하지
만 그럴수록 더 중언부언하고, 최악의 경우 주의와 관심까지 날려
버린다.

이는 줌Zoom 화면이나 회의실에서 자동차 경주마
냥NASCAR-like 요란한 파워포인트에 기대하던 효과와는
정반대의 이야기다.

"우리를 아름답게 해 준다고 광고하는 유명하고 비싼 약을 상상해 보
세요." 정보 디자인 이론가인 에드워드 터프트Edward Tufte는 파워
포인트에 대해 이렇게 말한다. "대신, 그 약은 자주 심각한 부작용을
일으킵니다. 우리를 멍청하게 하고 의사소통의 기능과 신뢰성을 떨
어뜨리며, 동료들을 지루하게 하고 시간을 낭비하죠. 이러한 부작용
과 그에 따른 불만족스러운 비용/편익 비율을 고려하면 전 세계적
인 환불 사태가 일어나도 이상하지 않을 겁니다."

파워포인트에 대해 조치가 필요하다. 형제자매여, 변화하자. 시작은 단순하다.

- 말로 할 수도 있고, 슬라이드를 사용할 수도 있고, 아름다운 그림을 보여 줄 수도 있다. 하지만 청중이 기억하길 바라는 명확한 주제가 없다면 어떤 것도 도움이 되지 않는다.

- 뉴스레터, 이메일, 연설, 트윗, 또는 우리가 커뮤니케이션에 활용하는 어떤 수단과도 똑같다. 파워포인트를 사용하기 전에 생각하라.

- 강력한 단어로 표현하라. 말하고자 하는 내용과 '왜 중요한가'를 정확히 알 수 있도록 아이디어를 다듬어라.

모든 소통에 적용되는 기본 원칙이지만, 특히 프레젠테이션에 필요한 원칙이 있다. 과장하려면 단순화하라. 더 적은 수의 단어, 적은 슬라이드, 적은 시각 자료를 추구하라. 요점에서 주의를 분산시키는 모든 가능성을 제거하라. 그런 뒤 아래와 같은 프레젠테이션 팁을 실행하라.

1 원하는 결과와 이를 뒷받침하기 위해 반드시 필요한 사항을 3~5개 적자.

- 마치 배심원 앞에서 사건에 대해 말하듯 구체적인 내용을 정리하자. 이것이 개요가 된다.

- 스마트 브레비티를 적용해서 특정한 질문이나 결과를 6개 남짓한 단어로 선명하게 드러내야 한다. 이를 통해 청중의 관심을 가장 중요한 곳에 집중시킬 수 있다.

❷ 모든 슬라이드를 단순화하자.

- 슬라이드 한 장에 하나의 메시지만 담자. 사람들은 길어야 3초 안에 발표자의 요점을 받아들여야 한다. 각 슬라이드를 고속도로의 광고판이라고 생각하자. 시속 100km로 달리는 사람이 그걸 보고 요점을 이해할 수 있을까?

- 연구에 따르면, 텍스트는 프레젠테이션에서 가장 비효율적인 의사소통 방법이다. 최소화해야 한다.

- 글꼴과 스타일은 각각 한 가지만 쓰자.

❸ 사진은 생생한 이야기를 들려준다. 단어 덩어리보다 훨씬 더 효과적이다. 사진과 몇 개의 단어를 결합하라. 주목도와 관심도가 치솟을 것이다.

머릿속에선 무슨 일이 벌어지고 있나?

- 신경과학자들에 따르면, 우리가 새로운 정보를 받아들일 때 뇌는 많아야 두 가지 자극, 기껏해야 말과 그림을 처리할 수 있다고 한다. 슬라이드에 불릿이 붙은 텍스트를 한가득 넣으면? 아무도 이해하지 못한다. 슬라이드에서 글자를 읽으려는 시도는 잊자. 청중은 말할 것도 없다.

- 분자생물학자 존 메디나John Medina는 이미지가 기억에 오래 남는다는 사실을 발견했다. 말로만 들었을 때 10% 수준에 불과하던 기억 비율이, 매력적인 이미지를 추가하자 65%까지 올랐다.

4 짧게 만들자. 교육학 이론에 따르면, 사람들은 주제가 3~5개의 근거로 뒷받침될 때 정보를 가장 잘 처리한다. 다른 모든 곳에 적용되는 스마트 브레비티와 마찬가지다.

- 〈월스트리트 저널〉에서 일하는 친구들과 이야기하다 보면, 정보 제공이나 설득, 동기 부여에 전혀 도움이 되지 않는 아름다운 발표 자료를 만들기 위해 밤샘 노동을 하는 정신 나간 이야기를 들을 수 있다.

- 〈하버드 비즈니스 리뷰〉에 따르면, 전략 컨설팅 기업 맥킨지Mckinsey의 한 파트너는 다음과 같은 경험칙을 권한다. "슬라이드 20장을 넣고 싶을 땐, 2장을 넣어라."

좋은 조언이다. 그냥 줄이자. 다 해서 10장 정도면 충분하다.

- 단어와 이미지, 화면 전환, 그리고 소리를 적게 사용할수록 발표는 더 예리하고 기억에 잘 남는다.

5 벽을 만들지 말자. 영업 사원처럼 구체적이고 직접적으로 요청하지 않으면 원하는 것을 얻을 수 없다. 빈 칸을 채워보자.

나는 이 자리를 통해 _____을/를 얻거나 _____을/를 가르치기 위해 발표 자료를 준비했다.

- 가능한 한 가장 적은 단어로 추린, 그것이 바로 최종 슬라이드다.

소셜 미디어를
스마트 브레비티 하라

소셜 미디어는 관심을 끌기 위한
각개 전투의 장이다.

왜
중요한가

소셜 미디어 피드를 내릴 때보다 더 다원주의적인 커뮤니케이션은 없다. 이메일에서 몇 초 만에 사람의 주목을 끌어야 한다면, 트위터나 인스타그램에서는 그야말로 눈 깜짝할 사이다.

스마트 브레비티는 효율적이고 명쾌하다. 트위터와 페이스북, 인스타그램의 혼란 속에서 우리의 게시물이 더 눈에 띄게 도와준다. 이를 통해 폭발적인 반응을 얻거나, 공유되고 관심을 끌 가능성이 높아진다.

washingtonpost.com
일련의 연구 결과 달에 물이 존재한다는 사실이 확인됐다.
과학자들이 오랫동안 이론으로 추정했던, 달에 물이 있다는 사실이 새로운 연구 결과 사실로 확인됐다.

달에 물이 있다.

A+ 트윗: "🖥 -> 달에 물이 있다."

리드문에 해당하는 긴 트윗: "국제 학술지 〈네이처 천문학Nature Astronomy〉 월요일 자에 발표된 두 편의 논문에 따르면, 달 표면에 물이 있으며, 음영 지역에 얼음이 넓게 퍼져 있을 가능성이 큰 것으로 나타났다."

대부분의 소셜 미디어 성공 방정식은 청중에게 클릭이나 구매, 기타 다른 행동을 요구하는 게 아니라 아이디어나 흥미, 웃음을 제공하는 것이다.

만약 독자에게 무언가를 제공하면 그들이 콘텐츠에 참여할 가능성이 높아진다. 알고리즘은 그에 따라 보상을 주기 시작한다.

우리는 독자나 청중에게 말하고 싶은 한 가지, 그들이 기억하길 바라는 한 가지를 생각하라고 말해 왔다.

소셜 미디어에서도 **딱 한 가지**만을 말하라. 새롭고 가치 있는 것으로 애간장을 태우고, 참신한 인용, 기억에 남을 만한 시각 자료로 놀라게 하라.

소셜 미디어는 무지비한 선택을 강요한다. 아이디어나 글이 아무리 훌륭하더라도 트위터, 인스타그램, 페이스북은 피드에서 보이는 성과로 평가할 것이다.

① 청중을 알아야 한다.

트위터는 팩트와 데이터, 화제의 인용문, 뉴스 속보를 좋아한다. 시의
성 있는 것일수록 좋다.

인스타그램은 변화하고 있다. 예전에는 필터 처리된 멋진 사진을 위
해 사용했지만, 이제 사람들은 인스타그램을 통해 뉴스와 정보를 얻
는다. 여기서는 날렵하면서도 힘 있는 글과 시선을 사로잡는 이미지
가 유리하다. 게시물에 링크를 걸 수 없는 경우가 많기 때문에, 내용
을 줄여야 한다.

트위터가 시시각각 빠르게 변화하고 인스타그램이 멋지다면, 페이스
북은 화제성이 강하다. 아이디어나 발표에 도발적인 변화를 가해 추
진력을 얻을 수 있다. 지루한 글은 뉴스 피드의 파도에 부딪혀 흔적도
없이 사라질 것이다.

② 이미지에 신경 쓰자.

깨끗하며 단순하고 시선을 사로잡는 이미지를 사용해 잠재
고객을 끌어모아야 한다. 세 가지 소셜 미디어 모두 시각적
플랫폼이다. 이미지적 요소가 없는 텍스트는 결국 어디서든
실패한다.

③ 스마트 브레비티와 이모티콘을 활용하자.

강력하고 단순한 단어부터 내용을 연상시키는 이모티콘까지,
모든 기술은 제대로만 쓴다면 대부분의 사회 생활에서 통

한다.

여기 각 플랫폼에 관한 몇 가지 사례가 있다.

트위터

GOOD

명확성을 잘 구현한 모델

Kendall Baker ✔
@kendallbaker
···

스포츠:

- 🏀NBA: 18% 백인
- 🏈NFL: 27% 백인
- ⚾MLB: 59% 백인
- ⚽MLS: 38% 백인
- 🏀WNBL: 17% 백인

미디어:

- ✍스포츠 에디터: 85% 백인
- ✍스포츠 기자: 82% 백인
- ✍스포츠 칼럼니스트: 80% 백인

데이터: 스포츠 다양성 및 윤리 연구소

6:28 PM · Jul 6, 2020 · Twitter Web App

BAD

Twitter User ✔
@twitteruser
···

스포츠 다양성 및 윤리 연구소에 따르면, NBA
는 18%, NFL은 27%, MLB는 59%, MLS는
38%, WNBL는 17%가 백인이다. 미디어: 스
포츠 에디터, 기자, 칼럼니스트는 각각 85%,
82%, 80% 백인이다.

9:19 PM — Sep 19, 2022 — Twitter Web App

스마트 브레비티 실전

인스타그램

BAD

뭐라고 하는 거야? 작은 글자가 많기도 하다.

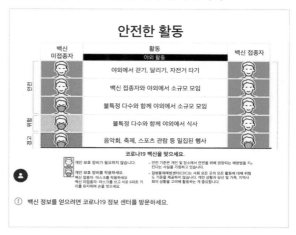

불분명한 제목, 혼란스러운 메시지!

코로나 생활 습관

백신의 이점

백신 접종자는 가능한,
하지만 미접종자는 반드시 피해야 할 5가지:

- 실내 음식점이나 바에서 식사하기
- 실내 운동 수업 참석하기
- 사람이 많은 야외 이벤트 참석하기(스포츠, 음악회)
- 영화관 가기
- 합창단에서 노래하기

백신 접종 전이라면 반드시 피해야 할 5가지:

- 사람이 많은 야외 이벤트(스포츠, 음악회)
- 영화관 가기
- 실내 합창단에서 노래 부르기
- 실내 음식점이나 바에서 식사하기
- 실내 운동 수업 참석하기

코로나 유행 기간 안전하게 지내는 법

백신 접종 전이라면 피해야 할 5가지:

- 이발소나 미용실 가기
- 실내 쇼핑센터나 박물관 가기
- 대중교통 이용하기
- 여러 가족이 모이는 실내 모임 참석하기

복잡한 이야기를 단어 없이 전하는 방법.

무엇을 말하고 있는지 한눈에 정확히 알 수 있다.

페이스북 f

BAD

의미를 모르겠다. 모호하고 힘이 없다.

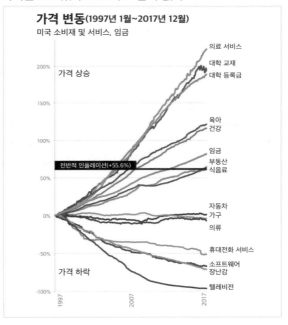

가격 변동(1997년 1월~2017년 12월)
미국 소비재 및 서비스, 임금

- 의료 서비스
- 대학 교재
- 대학 등록금
- 육아
- 건강
- 임금
- 부동산
- 식음료
- 전반적 인플레이션(+55.6%)
- 자동차
- 가구
- 의류
- 휴대전화 서비스
- 소프트웨어
- 장난감
- 텔레비전

가격 상승

가격 하락

NBC News World ✔
October 14, 2021 · 🌐

"우리는 거주할 다른 곳을 찾으려 하기보다는 지구를 고치려 노력해야 하며 여기에 인류 최고의 지성이 필요하다." 윌리엄 영국 왕세자가 말했다.

NBCNEWS.COM
윌리엄 왕세자와 거부들의 대화: "우주 경쟁보다 중요한 것은 지구를 살리는 일"
윌리엄 왕세자는 억만장자들의 우주 경쟁에 일침을 놓았다….

$(GOOD)$

관심과 보상을 받는 진짜 정보.

복잡하고 멋진 이야기를 한눈에 보여 준다.

스마트 브레비티 실전

시각 자료를
스마트 브레비티 하라

(스마트 브레비티
지수)

537단어
2분

단순하고 매력적인 이미지를 통해
스마트 브레비티가 창의적인 작업에
어떻게 적용되는지 전달하고자 한다.

왜
중요한가

악시오스에서 우리는 소위 '우아한 효율성elegant efficiency'
을 열망한다. 웹 사이트와 뉴스레터, 마케팅 자료용 이미
지를 디자인할 때, 우리는 한 가지에 집착한다. 가장 깔끔
하고 선명하며 만족스러운 디스플레이 방법은 무엇일까?

악시오스의 시각화 전문가 사라 그릴로Sarah Grillo에 따르면, 글을
쓸 때와 마찬가지로 시각 자료에서도 위계를 만들고 독자를 우선시
해야 한다.

위계 구조hierarchy는 보는 사람의 시선을 안내하기 위해
크기와 색, 대비를 사용해 시각 요소에 중요성을 부여하
는 미술 및 디자인의 기본 아이디어다. 이는 스마트 브레
비티 글쓰기 방식과 비슷하다.

예를 들어, 이 책의 모든 챕터가 어떻게 시작되는지 보라. 아이디어
를 소개하는 간단한 서두와 이를 뒷받침하는 '왜 중요한가' 형식이
있다.

잘 만들어진 위계 구조는 오히려 눈에 띄지 않는다. 하지만 잘못 만

든 위계 구조는 원치 않게 주목을 끈다.

독자를 우선시하기 위해서는, 모든 시각 자료가 그것을 해석할 독자의 눈으로 만들어져야 한다. 스스로에게 물어보자.

- 처음 보는 사람도 콘셉트를 이해하는가?
- 모든 요소가 적절한가?
- 레이아웃은 내용을 잘 표현하고 있는가?

강력한 그림을 통해 전달한다면, 개념을 이해하는 데 제목과 스토리가 필요하지 않을 수도 있다.

핵심

시각 자료에서 스마트 브레비티를 달성하려면 이 공식을 따르자.

- 강력한 콘셉트로부터 출발하기
- 불필요한 요소 잘라내기
- 독자의 관점에서 판단하기

아래는 텍사스 공화당 하원의원 여섯 명의 사임에 관해 악시오스에서 만든 "텍사스 공화당 의원들이 세 가지 문제를 인정했다"는 기사의 사례다. 공화당을 상징하는 코끼리가 작은 텍사스 깃발을 흔드는 모습을 보여 줌으로써

스마트 브레비티 실전

그들의 패배를 암시하는 콘셉트였다.

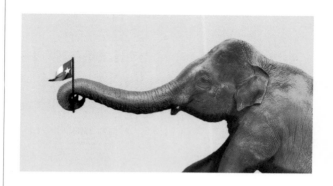

그림은 효과가 있긴 하지만 깃발이 코끼리에 비해 왜소하다. 위계를 반영해 우리는 코끼리의 머리를 먼저 보게 된다. 깃발을 보는 건 그다음이다. 코끼리에 비해 너무 작기 때문에 일부 독자에게는 보이지 않을 수도 있다.

왜
이 그림은

효과가
있을까

부분을 확대하고 대상을 잘라내는 방식cropping은 단순하지만 큰 변화를 만든다. 이를 통해 요소 사이의 균형이 생기고 위계가 강해졌다. 불필요한 요소는 코끼리의 몸이었다. 배경의 넓은 빈 공간 역시 앞선 그림보다 더 성공적으로 그림의 균형을 맞춰 준다.

'스크린screen'이라고 부르는, 모바일 페이지 및 뉴스레터 디자인에서 비슷한 역학 관계를 만날 수 있다. 우리는 익숙하고 꽉 찬 스크린에서 벗어나, 가장 보기 좋은 페이지를 만들기 위해 여러 달에 걸쳐 이미지 구석구석을 점검했다.

(1) **선택한 이미지와 단어로 사람들의 시선을 사로잡자.**

이 원칙은 파워포인트 발표나 학교 과제에도 동일하게 적용
된다.

(2) **직접적으로 말하자.**

미술, 디자인, 글쓰기 모두 동일한 원칙을 적용해야 한다.

(3) **이미지에 위계를 설정하자.**

의도한 곳으로 독자를 안내하기 위해, 가장 중요한 시각적 단
서가 눈을 사로잡도록 하자.

(4) **맥락을 제공하자.**

색이나 초점 또는 시각적 배치가 될 수도 있다.

(5) **청중을 존중하자.**

추상적이거나 어수선한 것, 혼란스러운 것은 청중의 적이다.

스마트 브레비티에 따라 회사를 운영하는 방법

스마트 브레비티 지수

1,640단어
6분

우리가 정작 스마트 브레비티를 실천하지 않고 있다면, 이 책은 어리석은 시간 낭비에 불과할 것이다. 악시오스는 회사 전체를 스마트 브레비티에 따라 운영한다.

왜 중요한가

스마트 브레비티는 악시오스의 경영과 문화의 핵심이다. 이는 우리가 포용적이고 행복하며 멋진 직장이라는 이유로 여러 상을 받는 데 큰 영향을 미쳤다.

깊이 알아보기

악시오스는 현재 500명 이상이 일하는 스타트업으로 활기차고 야심만만하며 대단히 투명한 문화를 갖추고 있다. 모든 직원은 악시오스의 지분을 소유하고, 두 가지 예외를 제외하면 어떤 질문에도 답변할 수 있다. 예외 질문은 누가 얼마나 버는지와 누가 왜 회사를 그만뒀는지인데, 이건 개인의 사생활을 존중하기 위해 밝히지 않는다.

흥미로운 사실: 우리는 모든 직원이 익명으로, 정말 무엇이든 질문할 수 있도록 허용한다. 아무리 직설적이거나 무례하더라도 주간 회의에서 문자 그대로 읽고 그에 답한다. 맞다, 어색할 수 있다.

명확하고 투명하게 소통할 때 마법 같은 일이 일어난다. 혼란스럽거나 정보가 제대로 공유되지 않을 때 생기는 뒷

말이나 복잡한 상황이 사라진다.

우리는 다른 회사의 리더와 동료들에게 가장 가까운 사람은 경영이나 재정 전문가가 아니라 소통 전문가여야 한다고 조언한다. 고객, 직원, 주주, 투자자 및 친구들은 모두 우리가 무엇을, 왜 하는지 알고 싶어 한다.

- 커뮤니케이션의 실패는 전체 조직을 마비시키거나 혼란을 초래할 수 있다.

큰 그림

오늘날 우리는 모두 소통하는 존재다. 인류가 지금처럼 많은 말을 하거나 트윗, 문자를 작성하고 보낸 적은 일찍이 없었다. 자연히 커뮤니케이션은 점점 더 어려워졌다. 그러므로 직접 하기 어렵다면 잘하는 사람을 찾아야 한다.

- 다른 곳도 마찬가지겠지만, 악시오스 직원들은 회사가 무엇을 지지하는지, 우리가 하는 일의 이유는 무엇인지 알기 원한다. 대부분의 경영진은 이런 질문에 답하기 어려워한다.

- 재택 및 하이브리드 근무 환경에서는 빠르고 명확한 소통이 훨씬 더 시급하고 중요해진다. 어떻게 하면 위스콘신주 오시코시에서 근무하는 영업 사원이 뉴욕의 상사와 같은 생각을 공유하며 일할 수 있을까?

- 프로젝트 관리 연구소에 따르면, 프로젝트 실패의 30%가 형편없는 커뮤니케이션에서 비롯된다. 넘어질 때 부러지는 곳이다.

- 에델만 여론 조사에 따르면, 퇴사하는 직원 대부분은 단절과 배제되고 있다는 소외감을 느낀다.

스마트 브레비티 실전

회계팀의 라이트 온Lights On… 악시오스 로컬의 크레인Cranes… 웹 트래픽 대가가 만드는 클릭 클랙Click Clack… 성장 리더의 퍼넬The Funnel… 영업 전사들의 탑라인The TopLine….

이건 악시오스의 상사와 팀원, 동료들을 위해 악시오스 HQ를 이용해 주기적으로 발행되는 뉴스레터 일부다.

왜 중요한가

성과가 좋은 사람에게는 모범적인 사례를 공유할 수 있는 장이 되고, 사업부 간에는 건전한 경쟁을 장려하며, 부서간 칸막이를 없앤다. 직원들은 각자가 무엇을 하고 있는지 한눈에 볼 수 있다.

행간 읽기

공동 창업자에게 이는 회사 목표에서 벗어난 모든 활동에 대한 조기경보시스템early-warning system이다. 어느 일요일 저녁에라도 우리는 모든 직원이 제자리에 잘 있음을 확신할 수 있을 뿐만 아니라, 관심과 격려 또는 칭찬을 필요로 하는 곳이 어디인지 알 수 있다.

우리가 가장 좋아하는 부분이 여기 있다. 회사 경영진과 일대일 회의를 할 때, 우리의 상황에 대해서는 이미 다 공유가 돼 있다. 그러므로 그 시간을 혁신과 통찰, 어려움을 겪는 부분과 문제가 된 부분을 이야기하는 데 쓸 수 있다.

자세히
보기

이들 가운데 인기 있던 것은 가장 많이 읽힌 뉴스레터 제목란, 신제품 엿보기, 매출 목표 일정표 등이다.

"웃긴 거 하나"를 맨 끝에 둔다. 여기에는 사람들이 읽거나 듣고 있는 것, 반려견 사진, 팀원의 마라톤 기록 등이 들어간다. 어디에서도 일할 수 있는 시대, 직접 만난 적 없는 사람과 연결되는 새로운 기회가 된다.

커뮤니케이션의 위기는 기업이나 리더만의 문제는 아니다. 소음과 방해가 많을수록, 분야를 막론하고 귀 기울여 듣고 기억하는 능력이 중요해지고 있다.

- 정치의 경우를 보자. 권력은 더 이상 지위와 서열, 또는 돈에서 흘러나오지 않는다. 그것은 케이블 뉴스나 트위터에서의 현대적이고 짧은 소통에 통달한 사람들에게서 흘러나오고 있다.

- 교사, 목회자, 작은 그룹을 꾸리는 리더같이 여러 사람을 상대해야 하는 이들도 비슷한 문제에 직면해 있다. 무언가를 전해야 하는데, 사람들은 온갖 현란한 기술에 사로잡혀 눈길조차 주지 않는다.

이것은 우리가 힘들게 터득한 또 다른 사실이다. 폴리티코에서, 초창기 우리는 커뮤니케이션과 문화를 가볍게 여기고 사람들이 자신의 일을 열심히 하기만 하면 모든 게 잘 풀릴 거라고 생각했다.

하지만 완전히 틀렸다. 회사 이직률이 너무 높아, 미국 전역에서 발행되는 잡지인 〈뉴 리퍼블릭The New Republic〉은 폴리티코를 묘사하며 "가혹한 직장"이라고 썼다. 우리는 변화해야 했다. 직원들과 보다 투명하고 정기적인 대화부터 시작했다.

- 악시오스에서는 독자와 소통하는 방식을 내부에 적용해 이 문제에 전략적으로 대응하고 있다. 시작은 우리가 '5대 뉴스'라고 부르는, 모두 스마트 브레비티 원칙으로 작성된 주간 뉴스레터다. 여기에서 우리는 계획하거나 실행하고 있는 일을 중요도순으로 자세히 설명

한다. 이 뉴스레터는 솔직하고 재밌으며 필수적이다.

짐은 악시오스의 지원팀장 케일라 브라운Kayla Brown의 도움 아래 매주 일요일에 뉴스레터를 쓴다. 케일라는 우리도 모든 소통을 이런 방식으로 해야 한다고 말했는데, 그때 그는 이미 금요일치 뉴스를 업데이트를 하고 있었다. '5대 뉴스'는 그렇게 태어났다.

로이는 모든 임원이 팀을 위해 같은 작업을 수행하고 동료 임원과 내용을 공유하자는 기발한 아이디어를 냈다. 이제 모든 임원들은 매주 회사의 굵직한 사항들을 중요도순으로 알고 있다. 우리는 회의에서 의례적인 소식 업데이트를 하지 않는다. "우리가 그런 것도 하고 있어요?"라고 묻는 사람도 없다. 바로 합류해 다음 일을 시작할 뿐이다.

정보는 최신 상태를 유지하자. 일요일에 글을 쓰기 위해 자리에 앉을 때, 짐은 회사의 중요한 일은 모두 알고 있는 상태다. 우리는 그가 메인주에 있는 자신의 낚싯배에 앉아 회사를 경영할 수 있을 거라고 농담하곤 한다. 현실은? 케일라는 텍사스 커빌Kerrville에 있는 고향 집에서 자주 그렇게 일한다.

가장 큰 수혜자는 직원들이다. 우리 모두는 궤도에서 벗어나거나, 방향을 잃거나, 목적을 혼동하는 걸 싫어한다. 이제 악시오스 경영진은 스마트 브레비티에 따라 이메일을 보낸다. 제프 모렐이 소개한 뒤 BP 직원들이 했던 것처럼 말이다. 그리고 열정이 있는 경우, 사람을 조직하기 위해 자신만의 뉴스레터를 시작한다.

20년간 정치 및 기업 커뮤니케이션 분야에서 일한 맷 번스Matt Burns는 우리 시대의 가장 큰 미스터리가 있다고 말한다. 사람들의 소비 습관은 진화했지만 커뮤니케이션은 그렇지 않았다는 것이다. 현재 암 조기 탐지 기술을 개발 중인 실리콘밸리 생명공학 스타트업 그레일GRAIL과 보스턴의 싸이퍼 메디슨Scipher Medicine에서 커뮤니케이션을 총괄하고 있는 번스는 사람들의 관심을 끌고 계속 유지시키는 게 매우 어렵다고 말한다.

번스는 사내에서 가장 시간을 잡아먹는 즉흥적인 이메일을 없애는 작업에 착수했다.

번스는 유나이티드헬스 그룹UnitedHealth Group에서 근무하는 동안 악시오스 HQ 소프트웨어를 사용하기 시작했다. 이후 그레일과 싸이퍼로 옮겨 가면서 즉시 악시오스 HQ를 핵심 전략으로 사용했다. 그는 흩어져 있고 변화가 빠른 스타트업 특성상 새로운 제품을 내놓을 때마다 즉각적으로 내부 방향성을 맞춰야 했다.

번스는 특히 회사의 젊은 과학자들에게 다가가기 위해서는 효율성이 가장 중요하다는 사실을 발견했다. "그들은 이메일을 열고 빠르게 훑어보죠."

번스는 말한다. "그들에겐 일하는 매 순간이 중요합니다. 그들은 회사의 광범위한 추진 사항이나 문화를 숙지하기 위해 정보를 검색할 시간적 여유가 없어요. 간결하고 예측 가능하게 전달하는 정보가 필요하죠."

그레일에서 무작위로 발송되는 이메일을 줄이기 위해, 번스
는 주간 뉴스레터 〈런다운The Rundown〉을 시작했다.

번스에 따르면, 〈런다운〉은 750명이 넘는 직원의 메일함에 "마치
오래된 석간 또는 조간신문처럼" 규칙적으로 들어온다.

앞부분은 경쾌하다. "금요일입니다! 그레일러 여러분!🥳". 뉴스레
터 각 호는 5분 정도면 읽을 수 있는 약 1,400단어로 돼 있다.

이제는 번스의 동료들이 자신의 일을 메일에 넣어 달라고 조
르고 있다.

그레일 내부에서 질서 없이 발송되던 숱한 이메일은 수신자의 3분
의 1도 열어 보지 않을 때가 많았다. 더 신뢰성 높고 효율적인 〈런다
운〉의 오픈율은 90%다. 쉬퍼에서 번스가 만든 비슷한 뉴스레터는
두세 달 만에 오픈율이 이미 75%를 넘겼다.

(1) **미션mission이 중요하다.**

아이템들을 조직의 핵심 가치와 목표로 돌려야 한다. '왜 중요한가'는 최적의 장치다.

충분히 숙달되면 어떤 상황에서도 미션에 몰입할 수 있다.

(2) **이야기를 들려주자.**

만약 우리가 작년에 작성한 뉴스레터를 모두 읽은 사람이 있다면 우리가 하던 일, 생각, 성취에 대해 또렷하고 힘 있게 말할 수 있어야 한다. 각각의 개별 아이템이나 뉴스레터 역시 마찬가지다.

사람들은 쉽게 지루해한다. 자신이 왜 그렇게 열심히 일하는지, 우리의 글을 왜 읽어야 하는지 설명하는 진정성 있는 이야기가 필요하다.

신입 직원에게 지난 몇 개월 간의 '5대 뉴스' 사본을 줘서 본격적으로 일을 할 수 있도록 돕는다.

(3) **사기꾼이 되지 말라.**

솔직하고 진실되게 써야 한다. 사람들은 바보가 아니다. 변호사의 거짓말이나 기업의 답답한 헛소리를 금방 알아챈다. 그런 일은 최대한 빨리 멈춰야 한다.

(4) **그만두지 말라.**

적어도 일주일에 한 번은 직원과 소통해야 한다. 뉴스레터를 없애 버리고 싶어도 참아라. 게으름 피우는 직원이 싫다면, 당신부터 모범을 보여야 한다.

(5) **겸손하자.**

당신이 CEO나 리더 또는 관리자라면 성공한 사람일 것이고, 바라건대 똑똑한 사람일 것이다. 하지만 완벽하진 않다. 감사를 표하고 실수를 인정하며, 자신을 낮추고 사람들에게 친근히 다가설 필요도 있다. 잘난 체하는 얼간이로 보이는 걸 막아 줄 것이다.

(6) **모방을 장려하라.**

주변 사람들이 비슷한 형식과 억양으로 소통하기 시작할 때 마법은 더욱 확산된다. 스마트 브레비티가 외부뿐만 아니라 악시오스 내에서도 유용하다는 사실을 알게 된 뒤, 팀 간 연계가 빠르게 좋아졌다. 회사 전체에서 어디에서 근무하든 모두가 즐겁게 자신의 이야기를 말하고 어떤 동료가 지금 무엇을 하고 있는지 알게 됐다.

포용적으로
소통하라

**포용적으로 소통하지 않는다면,
효율적으로 소통하지 않는 것이다.**

우리는 성별, 인종, 피부색, 종교, 성 정체성, 나이, 신체 능력, 성적 취향 또는 그 외의 모든 것에 상관없이 접근 가능하고 공감할 수 있으며 신뢰할 수 있는 방법을 다룬다.

- 스마트 브레비티는 능력과 배경의 차이를 메우는 데 도움이 된다. 스마트 브레비티는 직접적이고 간결하며, 접근성이 높고 포용적으로 디자인됐다.

- 글쓴이의 문화적 배경과 복잡성을 자연스럽게 제거하기에, 신중하게 실행하면 보편적인 커뮤니케이션 스타일이 될 수 있다.

- 난독증 같이 학습장애가 있는 사람이나 영어가 모국어가 아닌 사람의 접근성을 높일 수 있다. 우리는 세계화 시대의 다원적인 나라에서 살고 있기에, 이런 원칙은 예전보다 훨씬 더 중요하다.

잘 모르는 부분이 있다는 걸 이해하고 이를 인지하며, 다양한 목소리를 더 잘 반영하기 위한 조치를 취하자.

- 사례: 악시오스는 세 명의 백인 남성이 시작했다. 우리가 놓치고 있

는 삶의 경험이 많고, 신중하게 찾고 심사숙고해야 할 관점 또한 매우 많다.

악시오스에서, 우리는 회사를 시작한 첫날부터 누구를 채용하고 누가 의사결정권자가 될지를 정할 때 다양성, 평등, 포용을 원칙으로 삼았다.

우리의 사각지대를 떠올려 보자. 이미 언급된 것들 외에도 지역, 이념, 출생, 소득… 모두 나열할 수조차 없다.
그런 뒤, 만약 민감하거나 너무 복잡하거나 사실적인 주제를 쓸 경우, 완전히 다른 삶과 경험을 가진 사람에게 그 일을 맡겨라.

여기, 악시오스 뉴스룸에서 사용하는 포용적 글쓰기의 좋은 요령이 있다.

누군가에 대해 글을 쓸 때엔 구체적으로 써야 한다. 그들이 정체성을 어떻게 규정하는지 물어라. 아시아계 미국인, 중국계 미국인 등. 아메리카 원주민을 지칭할 때엔 가능하면 부족을 언급하자. 그들이 선호하는 젠더 대명사를 반드시 확인하자.

인물이나 공동체의 고정관념을 은근히 강화할 수 있는 표현을 빼라. 컨셔스 스타일 가이드(https://consciousstyleguide.com)같은 자료를 참고해 피해야 할 말을 찾아본다.

주의를 기울여라. 아시아 음식 테이크아웃 전문점을 보여 주면서 #아시아인혐오반대#StopAsianHate를 설명하는 식의 비유는 하지 말아야 한다.

바꿔보라. 인종이나 민족, 국적을 바꾸는 식으로 하나의 정체성을 다른 것으로 생각해 보라. 문장의 의미와 의도를 자의적으로 판단하지 않았는지 확인하라.

스마트 브레비티가 도움이 될 분야가 또 있다. 관련 없는 정보를 생략하는 것만으로도 함정을 피해갈 수 있기 때문이다. 아시아계미국인기자협회는 다음과 같이 말한다.

- **"인종, 민족, 종교, 국적이 상관있습니까?** … 관련이 없거나 관련성을 설명하지 않은 채 기술하면 해로운 고정관념이 지속됩니다."

날카롭고 명쾌한 글쓰기를 하면 공격을 예방하는 데 도움이 된다. 미국 전국장애·저널리즘센터의 가이드라인을 읽으면 이것이 좋은 글쓰기의 원칙과 크게 다르지 않다는 사실을 깨닫게 된다.

- "스토리와 관련이 있을 때에만 **장애를 언급**하고, 가능하면 의사나 다른 공인된 전문가와 같이 믿을 만한 취재원을 통해 진단을 확인받아야 한다."

- **"가능하다면** 어떻게 묘사하는 게 좋을지 취재원에게 물어라. 취재원이 없거나 이야기를 나눌 수 없다면, 믿을 만한 가족이나 변호사, 의료 전문가 또는 장애를 대표할 수 있는 관련 기관에 문의하라."

깊이
알아보기

미국 전국흑인기자협회의 스타일 가이드는 특정 용어를 쉽게 이해할 수 있도록 알파벳 순서로 구성돼 있다.

- 목록을 읽어 보는 것만으로도 사람들이 단어와 관용구를 매우 다른

방식으로 이해한다는 사실을 확인할 수 있다.

결론

누군가를 화나게 하거나 혼란스럽게 하면 그 사람을 잃는다. 이번 뉴스레터나 발표에서뿐만 아니라 영원히 등을 돌리게 만들 수 있다.

● 전형적인 사례: 미국 전국학습장애센터에 따르면, 어린이 다섯 명중 한 명은 학습장애를 갖고 있다. 성인에게도 같은 비율이라면, 미국인 6,500만 명에게 해당되는 이야기다. 우리가 상대하는 청중의 20%까지가 그 대상일 수 있다.

(1) **평이하고 명확한 언어로 쓰자.**

이를 통해 전하려는 메시지를 사람들에게 더 잘 이해시킬 수 있다. 사용하는 단어가 정확하고 분명한지 확인해야 한다. 이 원칙은 학습장애가 있는 사람에게 도움이 될 뿐만 아니라, 영어가 모국어가 아닌 사람에게도 도움이 된다.

(2) **불릿을 사용하자.**

비즈니스맨들은 불릿을 좋아한다. 로이는 경영대학원 시절부터 분명한 소통을 위해 불릿을 즐겨 사용해 왔다. 그들은 가장 중요한 점을 파악해 요소별로 나누는 것을 환영한다. 여러 요점이 뒤섞여 독자나 청중을 잃는 일이 빈번하기 때문이다.

(3) **단순하고 짧게 쓰자.**

복잡한 것은 혼란스럽다. 추상적인 이야기는 외면받는다. 길면 부족한 것만 못하다. 짧고 직접적인 문장을 쓰고, 그 분야를 잘 아는 사람들만의 용어나 멋진 구절은 버려라. 이를 통해 모두가 알아야 할 중요한 아이디어나 최신 소식을 중심으로 독자의 관심을 모을 수 있다.

로이는 대학과 직장에서 자신이 다른 사람들과 꽤 다르다는 사실을 알게 됐다. "난독증은 삶에 큰 고통이었다. 하지만 선물도 줬다. 나는 문제를 풀고 더 열심히 일하며 성공을 위한 시스템을 만들고자 마음먹었다."

우리는 학습이나 언어적 어려움을 겪는 사람을 위해 스마트
브레비티를 만든 게 아니다. 포용성 그 자체를 위해 만든 것
도 아니다. 하지만 실제 활용 결과를 보면, 그 세 가지 모두에
도움이 된다.

영국 에식스주 일포드 마을의 교사들은 로이를 문제아라고 생각했다. 그들은 로이가 자신을 멍청하고 구제불능이라고 느끼게 했다. 로이는 철자를 엉망으로 썼다. 성적도 형편없었다.

일포드 카운티 고등학교에 남학생을 위해 개설됐던 7학년◆ 영어 수업은 그가 30년 뒤 학습장애를 지닌 어린이들을 위한 연설에서 떠올리며 언급할 만큼 충격적이었다. 그는 늘 그랬듯 형편없는 점수를 받은 숙제를 돌려받았는데, 거기엔 빨간 줄과 함께 코멘트가 가득했다.

선생님은 이렇게 적었다. "짧고 별로 잘 읽히진 않는구나. 사전 없니?"

로이는 바보가 아니었다. 난독증을 앓고 있을 뿐이었다(만약 로이의 선생님이 이 글을 읽는다면, 바보가 된 기분일 거다).

◆ 우리나라 중학교 1학년에 해당한다.

커닝 페이퍼

스마트 브레비티
지수

724단어
3분

여기 스마트 브레비티를 직접 해 볼 수 있는
간편한 가이드가 있다.

왜
중요한가
초급 클래스에 와 있다고 생각해 보자. 몇 번 시도해 본
뒤, 뇌가 직관적으로 얼마나 빨리 적응하는지 확인해
보자.

가이드 원칙

① 권위

여러분은 신뢰할 수 있는 정보원이다. 전문가만이 이슈
에 대해 이해하고 새롭거나 중요한 것을 평가할 수 있으
며 정확하고 흥미로운 방식으로 새로운 내용을 추출할 수
있다.

전문가가 되거나, 찾아라.

② 간결함

여러분은 바쁜 독자의 시간을 존중하면서, 부족함을 느끼
지 않도록 독자들이 필요로 하는 생산적인 내용을 제공해

야 한다.

짧게 쓰되, 얄팍해선 안 된다.

❸ 인간적이기

인간적인 감정, 복잡함, 뉘앙스를 모두 담아 소통하되, 친숙하게 그리고 대화하듯이 메시지를 전하도록 노력해야 한다.

말하듯 써라.

❹ 명확성

간결함을 위해 단어를 줄이자. 독자들이 짧은 시간 안에 훑어봐도 기억에 남도록 이해하기 쉽고, 명확하고, 간단하게 내용을 제시해야 한다.

효과적인 전달을 위해
텍스트에 스타일을 입히자.

독자를 정의하라.

그들에게 알리고 싶은 것을 특정하라.

아래 빈 칸을 채우세요(60초 이내).

이 연습에서 타깃하는 **독자**는 누구인가?

당신이 잘 알고, 독자들이 알 필요가 있는 새로운 소식이
나 주제는 **무엇**인가?

왜 중요한가? 자세한 내용을 적어 보자. 나중에 다시 이
내용을 살펴볼 것이다.

결과물이 어떻게 되면 좋을지 시각화하자. 굳이 예술적이
지 않아도 좋다.

제목
- 여섯 단어 또는 그 이내인가?
- 명확하고 구체적인가?
- 선명한 어휘로 대화하듯 썼는가?

새로운
사실
- 딱 한 문장인가?
- 독자들이 기억했으면 하는 게 무엇인가?
- 제목과 차별화된 세부적인 내용이 있는가?

아래 빈 칸을 채우세요(30초 이내).

제목과 첫 문장을 써 보자. '팁과 요령'을 명심할 것.

사례

변경 전

> 2021년 재택근무 계획 업데이트
>
> 회사는 계속 코로나19의 영향을 모니터링하고 있습니다. 이에 오늘 올해 남은 기간에 대한 계획을 업데이트하고자 글을 씁니다.

변경 후

> 🏠 재택 옵션 연장
>
> 모든 임직원은 2021년 남은 기간 동안 재택근무를 선택할 수 있습니다(필수는 아닙니다).

중요성과 맥락을 설명하자.

- "왜 중요한가"라고 쓰고 볼드체로 강조하라.

- 타깃 독자로 설정한 사람을 떠올리자.

- 사람들에게 알리고 싶은 이유를 한 문장으로 최대한 건조하고 짧게 쓰자.

자신만의 경구를 생각해 내자.

- 일하는 분야, 성격, 브랜드, 목소리, 톤을 고려해야 한다.

브레인스토밍

이 표현을 갈고닦아 청중이나 독자가 공명할 수 있게 다양한 아이디어를 내보자.

당신만의 스마트 브레비티

다음

결론

숫자로 보기

큰 그림

여러분이 만든 경구를 사용하여 다른 핵심 정보에 대한 소개를 제공한다.

- 데이터나 관련 요지를 통째로 내놓지 말고 불릿을 이용해 쪼개야 한다.

스마트 브레비티 실전

결과물을 리뷰한다.

이쯤 되면 글, 스크립트 혹은 소통을 위한 짧고 깔끔한 문구가 마련됐을 것이다. 가장 우선시해야 할 독자를 염두에 둔 결과물이다. 앞부분은 독자를 끌어들이기 위해 구성됐고, 본문은 잘 읽히고 독자들이 이탈하지 않도록 작성됐다.

마지막으로 확인할 것들은 잘 알고 있을, 익숙한 내용들이다.

정확성: 편집 과정에서 꼭 있어야 할 세부사항이나 핵심적인 뉘앙스를 놓치지 않았는지 확인하자. 만약 놓쳤다면, 복원시켜라.

응집성: 모든 내용이 매끄럽게 흘러야 한다. 때로는 간결함을 위해 전환구를 제거하기도 한다. 하지만 마지막 단계에서 이야기가 잘 연결되지 않는다고 느낀다면 그 요소를 되살려야 한다.

인간적이기: 고친 글에 목소리와 개성이 남아 있는지 확인하는 게 가장 중요하다. 스마트 브레비티를 사용한 지 얼마 안 됐을 때, 글이 퉁명스럽거나 잘린 것처럼 느껴진다면 너무 나아간 경우다. 잠시 시간을 내 텍스트에 숨결을 불어넣어 주자.

글은 날카롭고 효율적이며 현실적일 것이다. 응답도 그런 식으로 받게 될 것이다. 훨씬 더 짧고 스마트하며, 진정성 있게 느껴지는 일대일 소통이 될 것이다.

왜 중요한가

우리가 깨달은 것을 여러분도 깨달을 것이라고 확신한다. 요령과 기술은 관심을 끌기 위한 전쟁에서 이기고 이야기를 전달하는 데 도움이 될 것이다.

직접
사용하기

스마트 브레비티
지수

384단어
1½분

책을 여기까지 읽었다면 여러분은 이미 다른 동료나 경쟁자보다 한참 앞서 있다. 커뮤니케이션 방법을 재고하거나 재정비하지 않는다면 뒤쳐지거나 방향을 잃게 됨을 알고 있기 때문이다.

왜 중요한가

이제 스마트 브레비티를 시험 적용해 보고 얼마나 배웠는 지, 어디에서 기술을 갈고 닦을 수 있는지 확인할 때다.

- SmartBrevity.com으로 가서 작성한 글을 올리면 그 자리에서 스마트 브레비티 지수와 유용한 피드백을 볼 수 있다. 여러 번 작업하고 시간이 지남에 따라 스마트 브레비티 지수가 올라가는지 확인할 수 있다.

- 소속 기관이나 회사, 비영리단체, 팀, 부서에서 스마트 브레비티를 구현하려면 SmartBrevity.com을 방문해 보자. 스마트 브레비티를 조직 전반에 어떻게 적용할지 설명하는 유용한 비디오, 사례 연구, 정보가 있다. 효과적인 커뮤니케이션을 도울 것이다.

큰 그림

수백 개의 회사, 비영리단체 및 정부 기관에서 악시오스 HQ를 사용하고 있으며 팀 내부와 외부 독자에게 보낸 새로운 소식과 반응이 매일같이 업로드되고 있다. 다음 단계의 스마트 브레비티라고 생각하자.

① **템플릿:** 악시오스 HQ에는 영업팀, 투자자, 또는 이사회의 소식을 전하기 위한 주간 뉴스레터 포맷이 수십 개 준비돼 있다.

② **스마트 브레비티 지수:** 작성한 글에 대해 AI가 숫자로 된 지수를 보여 줘 글을 최적화할 수 있다. 글이 개선되는 과정도 알 수 있다.

③ **스마트 브레비티 안내:** 글자를 입력하면 더 나은 단어, 견고한 구조, 완벽한 제목을 제안하는 팝업이 뜬다. 제목이 너무 길거나 본문에 단어가 많으면 자동으로 표시가 뜬다.

④ **협업:** 악시오스 HQ를 쓰면 여러 사람을 초대해 수정 사항을 놓고 함께 일할 수 있다. 사람들에게 특정 부분을 할당하면 쉽고 빠르게 각자 맡은 부분을 채울 수 있다.

⑤ **분석:** 누가 언제 뉴스레터를 열어 봤는지 확인할 수 있다. 이를 통해 사람들이 어디에 반응을 보였는지 실제 데이터를 얻을 수 있다.

⑥ **실시간 이력:** 이런 변경 사항은 편리한 기록으로 남아 새로운 팀원이 오더라도 금세 무슨 일이 논의됐는지 따라잡

스마트 브레비티 실전

을 수 있다.

결론

이 책에서 설명한 모든 도구와 요령을 통해 여러분이 혼란을 극복하고, 소통하며, 새롭게 자신감을 갖고 사람들의 시선을 끌 수 있길 바란다.

감사의 말

스마트 브레비티는 우리 세 명이 이름도 없이 악시오스를 시작할 때의 비전이었다. 그 뒤 5년 동안, 150명이 넘는 악시오스의 기자들, 그리고 기업과 조직의 커뮤니케이션 역량을 크게 높여 줄 소프트웨어 서비스 악시오스 HQ를 구축하는 거대한 팀이 스마트 브레비티를 시험하고 개선했다.

왜
중요한가

스마트 브레비티는 도움이 된다. 글을 쓰기 전에 아이디어를 갈고닦는 일부터 이 책의 가르침을 따랐다면, 권위 있고 영향력 있는 소통을 할 수 있을 것이다.

현재 악시오스의 지원팀장이 된 직원 1호 케일라 브라운에게 찬사를 보낸다. 케일라가 없었더라면 이 책은 나올 수 없었을 것이다. 케일라는 책 사이에 들어가는 마법을 지속적으로 관리하고 최적화했다.

다음 분들에게 특별히 감사를 표한다:

짐의 배우자이자 언어의 장인, **어텀 밴더하이**.

로이의 배우자이자 스마트 브레비티의 중추, **켈리 슈워츠**.

워싱턴에서 가장 인기 있는 책 에이전트로 '스마트 브레비티'를 책으로 만들자는 비전을 처음 보여 준 **레이프 새걸린**. 첫 줌 회의 때부터 프로젝트를 믿어 주고 마지막까지 잘 마칠 수 있도록 확고한 전문성을 발휘해 준 전설적인 출판사, **워크맨의 편집팀**.

악시오스 가족 모두. 이 책은 여러분이 매일 창조하는 마법이 없었더라면 나오지 못 했을 겁니다.

이 책에 생명을 불어넣어 준 분들께 특별히 감사 인사를 드립니다: 에이다 에이머Aïda Amer, 새러 피셔Sara Fischer, 치안 가오Qian Gao, 저스틴 그린Justin Green, 사라 그릴로, 새러 구Sara Goo, 트리스틴 해서니Tristyn Hassani, 에밀리 인버소Emily Inverso, 니콜라스 존스톤Nicholas Johnston, 대니얼 존스Danielle Jones, 데이비드 네이터David Nather, 닐 로스차일드Neal Rothschild, 앨리슨 스나이더Alison Snyder, 조던 재슬래브Jordan Zaslav.

책을 위해 인터뷰해 줬거나 조사에 도움을 준 친구들: 에디 베렌바움, 맷 번스, 존 클리프톤, 갤럽 팀, 제이미 다이먼, 인디아 던India Dunn, 메건 그린, 애너 그린버그Anna Greenberg, 제이슨 애슐리Jason Ashley, 엘리자베스 레위스Elizabeth Lewis, 앨리스 로이드Alice Lloyd, 제프 모렐, 리사 로스, 마크 스미스, 로널드 야로스.

옮긴이

윤신영
미디어 플랫폼 '얼룩소alookso' 에디터. 동아사이언스 기자로 근무하며 〈과학동아〉 편집장과 〈동아일보〉 과학담당기자 등을 거쳤다. '2009년 미국과학진흥협회AAAS 과학언론상', '2020년 대한민국과학기자상'을 수상했다. 《사라져 가는 것들의 안부를 묻다》《인류의 기원》(공저) 등을 썼고, 《화석맨》《왜 맛있을까》《사소한 것들의 과학》《빌트》(공역) 등을 번역했다.

김수지
미디어 플랫폼 '얼룩소' 에디터. 서울대학교에서 정치학과 언론정보학을 공부했고, 현재는 정책학을 공부하고 있다. 기술과 사람, 정책이 만나는 지점을 탐구한다.

스마트 브레비티

디지털 시대의 글쓰기 바이블

1판 1쇄 펴냄 2023년 4월 28일
1판 6쇄 펴냄 2024년 4월 23일

지은이	짐 밴더하이, 마이크 앨런, 로이 슈워츠
옮긴이	윤신영, 김수지
발행인	김병준
편 집	정혜지
디자인	권성민
마케팅	차현지, 이수빈
발행처	생각의힘

등록	2011. 10. 27. 제406-2011-000127호
주소	서울시 마포구 독막로6길 11, 우대빌딩 2, 3층
전화	02-6925-4184(편집), 02-6925-4188(영업)
팩스	02-6925-4182
전자우편	tpbook1@tpbook.co.kr
홈페이지	www.tpbook.co.kr

ISBN 979-11-90955-90-4 (03320)